네 모습
그대로
괜찮아

네 모습 그대로 괜찮아

코넬리아 마크
강미경 옮김

IVP(InterVarsity Press)는
캠퍼스와 세상 속의 하나님 나라 운동을 지향하는
IVF(InterVarsity Christian Fellowship)의 출판부로서
생각하는 그리스도인을 위한 문서 운동을 실천합니다.

The original German edition was published as *Die Falle des Vergleichens*
by Cornelia Mack

Copyright © 2004 SCM Hänssler
im SCM-Verlag GmbH & Co. KG, Holzgerlingen, Germany.

Korean Edition © 2013 by Korea InterVarsity Press,
156-10 Donggyo-ro, Mapo-gu, Seoul 04031 Korea.

차 례

들어가는 말 7

Chapter 1
거울아, 거울아,
이 세상에서 누가 제일 잘났니 9

Chapter 2
비교의
덫 33

Chapter 3
덫에서
빠져나오는 길 65

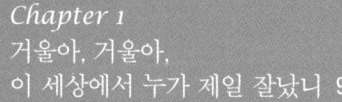

Chapter 4
비교의
대상이 되는 덫 111

Chapter 5
자기만의
값진 인생 살기 123

맺는 말 132

주 133

일러두기 본문의 성경 인용은 특별한 표기가 없는 경우 새번역을 사용하였습니다.

들어가는 말

몇 년 전 문득 내가 나 자신을 다른 여자들과 매우 자주 비교한다는 사실을 깨달았다. 비교의 결론은 언제나 남이 나보다 더 낫고, 더 잘하고, 더 많이 가졌다는 것이었다. 그런데 과연 나만 이렇게 자주 비교하는 걸까 하는 의문이 들어 공개적으로 이 주제를 다뤄 보았다. 결론은 나뿐 아니라 거의 모든 사람이 같은 문제로 씨름하고 있다는 것이다. 인간은 본질적으로 비교 의식을 가지고 태어나는 것 같다.

사실 비교 자체는 나쁜 게 아니다. 비교를 통해 얻는 유익도 있다. 좋은 비교는 잘못을 수정하고 바른 방향을 잡도록 돕는 긍정적 효과를 발휘한다.

그러나 대부분 비교 의식은 자존감과 인간관계에 부정적

영향을 미치는 질투, 비난, 불평의 주범이다. 열등감이나 자만심도 주로 비교 의식에서 비롯된다. 이쯤 되면 비교 의식은 우리 자신뿐 아니라 주변 사람들의 인생을 망치는 위험 요소라 할 수 있다. 그렇다면 비교하는 태도나, 때로 다른 사람에게 비교의 대상이 되는 상황을 어떻게 다뤄야 할까? 어떻게 이 비교의 덫에서 빠져나올 수 있을까? 어떻게 하면 부정적 비교 의식의 희생자가 되지 않고 자신과 타인을 자유롭게 대하며 감사하는 자세로 살 수 있을까?

이 책에서 나는 우리 마음 깊숙이 자리한 비교 의식의 동기와 결과를 심리학적, 성경적 관점에서 살펴보려 한다. 그것을 통해 우리가 자신의 태도를 더 깊이 이해하고 새로운 사고방식과 삶의 자세를 배울 수 있기를 바란다.

이 책을 읽는 독자 여러분이 자신의 모습에 감사하고 주어진 자기 삶을 만끽하며 매일 이렇게 고백하게 되길 바란다. "그래, 나는 하나님이 내게 뜻하신 창조 목적대로 살아갈 거야. 하나님이 주신 재능을 사용해서 나만의 사명을 이룰 거야! 지금 내 모습 이대로 언제나 나를 받아 주시는 하나님께 감사하면서!"

코넬리아 마크

Chapter 1

거울아,
거울아,

이 세상에서

누가 제일 잘났니

> "거울아, 거울아.
> 이 세상에서 누가 제일 잘났니?"

남녀를 막론하고 거울 앞에서 자주 이렇게 묻는 사람이 많을 것이다. 그 이면엔 누구보다 자기가 더 멋지고, 더 잘나고, 더 많이 소유하고, 더 인정받고, 더 사랑받길 원하는 마음이 있다. 심지어 자신이 아닌 완전히 다른 사람이 되고 싶어 하는 이도 적지 않다.

이 '백설공주의 환상'은 알게 모르게 우리를 늘 따라다닌다. 많은 사람이 실제 거울이 비추는 자기 모습과 삶에 만족하지 못하고, 자기가 원하는 완벽한 모습을 비쳐 주는 상상의 거울을 또 하나씩 갖고 있다.

비교는 인간의 본질?

누군가를 만나면 곧장 비교 의식이 발동하는 사람이 적지 않다. 그들은 상대에게서 자신과 비슷한 점을 찾아내 동질감을 느끼기 원하는 동시에, 또 한편으론 자기보다 더 나은 상대의 특성을 찾아내려 한다.

특히 여자는 남자보다 감정적으로 훨씬 예민해서 자기 정체성과 자존감에 영향을 주는 소리가 마음속에서 늘 아우성친다.[1] 어떤 상황에서 누구를 만나느냐에 따라 이 소리는 끊임없이 바뀌어 정체성과 자존감을 세우기도 하고 허물어뜨리기도 한다.

예를 들어, 자녀 넷을 돌보느라 늘 지친 엄마는 육아에 전혀 신경 쓸 필요 없는 독신 여성을 보면 이런 생각을 한다. "나도 저 여자처럼 자유롭게 산다면 얼마나 좋을까! 하고 싶은 일을 하면서 내가 직접 번 돈으로 쇼핑도 다니며 살 수 있다면 지금보다 훨씬 더 행복할 텐데…." 그러나 그 전문직 독신 여성은 네 아이를 둔 그녀를 보며 이렇게 생각한다. "아, 내게도 남편과 아이들이 있다면 이렇게 외롭진 않을 텐데. 저 여자처럼 돌볼 자녀가 있다면 이 지긋지긋한 직장을 당장이라도 때려치울 텐데!"

아파트에 사는 부인은 정원이 딸린 주택에 사는 여자를 부러워한다. "저런 집이 있으면 꽃도 키우고 텃밭도 가꾸며 더 재미있게 살 수 있을 텐데…." 그 집에 사는 여자는 아파트에 사는 여자를 보며 생각한다. "집과 정원을 가꾸고 돌보느라 힘들어 죽겠어. 아파트에 살면 얼마나 편할까!" 이런 식으로 사람들은 이웃, 형제자매, 친구, 동료 등과 자신을 끊임없이 비교한다.

이때 주로 머릿속엔 이런 생각들이 스쳐 지나간다. 이를테면, 저 여자는 나보다…

- 집을 더 깨끗이 치우고 살까?
- 새 옷을 얼마나 더 자주 사 입을까?
- 가족 여행은 얼마나 자주 할까?
- 친구는 얼마나 많을까?
- 교회에서 더 직분이 높고 인기가 많을까?
- 더 고급 취미생활을 즐길까?
- 요리를 더 잘할까?
- 몸매가 더 좋을까?
- 주말이나 휴일을 얼마나 더 멋지게 보낼까?

그 밖에도 비교하는 분야는 무궁무진하다. 예를 들어 부부 동반 모임에서 옷을 멋지게 차려입은 친구 남편을 보면 자기도 모르게 이런 생각이 든다. "아, 내 남편도 저렇게 멋쟁이라면 사람들에게 훨씬 좋은 인상을 줄 텐데…." 그러나 멋쟁이 남편을 둔 친구는 이렇게 생각한다. "내 남편은 너무 외모에만 신경 써. 외모를 꾸미는 대신 집안일을 좀 더 적극적으로 도와준다면 사는 게 이렇게 피곤하진 않을 거야."

이처럼 우리가 비교하는 분야는 우리가 삶의 가치와 우선순위를 어디에 두고 사는지, 무엇을 귀하게 여기고 있는지를 알려 주는 지표다. 우리가 흔히 비교하는 분야는 다음의 다섯 가지로 요약할 수 있다.[2]

1. 남이 소유한 것

- 생활 수준, 재산, 부유함의 정도 — 자동차, 정원, 집, 옷 등
- 외모나 신체조건 — 몸무게, 키, 인상, 목소리 등
- 건강, 운동 능력

2. 성격이나 됨됨이

- 남을 휘어잡는 카리스마

- 품위 있는 태도
- 남에게 호감을 주는 밝고 긍정적인 자세
- 어떤 상황에도 잘 대처하는 유연성(예를 들면 지위가 높은 사람이나 어린이와도 잘 어울리는 성향)
- 부모나 배우자로서 가족에게 자상하고 인정받는 면모
- 손님을 상냥하고 융숭하게 대접하는 성품
- 남의 고민을 잘 듣고 상담해 주는 자세
- 세련된 지성미

3. 뭔가 할 수 있는 능력

- 자주 휴가를 즐길 수 있는 여건
- 자기 재능을 마음껏 펼칠 수 있는 환경
- 원만한 인간관계를 맺는 능력
- 어려운 상황에 대범하고 유연하게 대처하는 능력
- 자기 몸이나 집을 아름답게 꾸밀 줄 아는 미적 감각
- 취미생활을 즐길 수 있는 여유
- 자기 직업에서 인정받는 능력

4. 남에게 얻을 수 있는 것

- 사랑
- 보호
- 인기
- 인정
- 선물
- 높은 보수
- 상

5. 인간관계

- 배우자 — 밖으로는 자신을 돋보이게 하고 집에서는 격려와 위로를 주는 남편이나 아내
- 자녀 — 공부 잘하고 다재다능하고 예의 바른 아이들
- 부모 — 자신을 흠뻑 사랑해 주고, 마음껏 뒷받침할 경제적 여유도 있으며, 든든한 울타리인 동시에 적절한 제어 장치가 되어 주는 믿음직한 부모
- 친구 — 삶을 풍요롭게 하는 후원자나 멘토

이처럼 우리 삶에서 비교의 대상이 되는 분야는 매우 다양하다. 이 비교 분야들은 인간이 근본적으로 어떤 욕구와 갈망을 가졌는지, 중요하게 여기는 삶의 목적이 무엇인지를 드러낸다. 따라서 자기가 남과 주로 비교하는 분야를 잘 살펴보면 자기 삶의 우선순위와 목적을 점검하고 바로잡을 수 있다.

비교의 긍정적 측면

비교의 부정적 결과들인 질투, 비난, 열등감, 중상모략, 불평불만 등에 대해선 뒤에서 계속 다루기로 하고, 여기서는 비교의 긍정적 측면을 먼저 살펴보겠다. 예를 들어 비교는 이럴 때 도움이 된다.

- **자기 발견**: "나도 저렇게 살고 싶고, 살아야겠어."
- **삶의 목적 확인**: "저 사람에게서 내 인생을 어떻게 살아야 할지 배울 수 있겠어."
- **다른 사람과의 차이점 깨닫기**: "저렇게 사는 건 내게 맞지 않아."

이렇게 긍정적 비교 의식은 다른 사람에게서 모범을 발견하고 영감을 얻어 자기 삶을 발전시키려 한다. 그럴 때 비교는 삶에 매우 유익하다.

어떤 청년은 이렇게 고백한다. "청소년 시절 직업 교육을 받는 동안 모범이 되는 선생님을 만났어요. 나도 저런 교사가 되고 싶다는 생각에 그분의 능력과 성품과 태도를 나 자신과 자주 비교했죠. 생각해 보면 지금의 나는 그때 그 선생님의 긍정적인 면을 많이 닮았어요. 그래서 무척 행복해요."

비교의 두 면

위에서 언급한 일상의 예들이나 다음에 소개할 성경의 이야기들을 보면, 비교에는 늘 비교하는 사람과 비교당하는 사람이라는 양면이 있음을 알 수 있다.

비교는 대부분 양쪽 모두에게 부정적 영향을 미친다. 자기를 자주 남과 비교하는 사람은 질투를 일으키는 상대에게 적개심과 열등감을 느낄 수 있다. 반대로 질투의 대상이 되는 사람에겐 자기 재능과 사명이 남에게 부정적 감정을 준다는 죄책감을 심어 줄 수 있다.

예를 들어 A가 B에게 이렇게 말한다. "난 너를 볼 때마다 항상 열등의식을 느껴." 이 말은 솔직한 고백처럼 들리나, 다른 한편으론 상대에게 죄책감을 불러일으켜 B가 자신을 깎아내리게 하려는 의도가 숨겨져 있다. "나는 네가 겉으로 보는 것과는 달라. 네가 나의 다른 면을 몰라서 그래…."

결국 질투의 대상이 되는 사람은 남에게 부정적 감정을 일으키지 않으려다가 하나님이 주신 재능을 마음껏 펼치지 못하고 위축되고 만다(4장에서 더 자세히 다루겠다).

구약의 비교 대상들

비교는 인류 역사만큼이나 오래됐다. 성경에도 서로 비교가 되는 여러 대상의 이야기가 나온다.

가인과 아벨

성경 첫 부분에서부터(창 4:5) 비교의 대상이 나오기 시작한다. 아담의 맏아들 가인은 동생 아벨과 자신을 비교했다. 훙

미로운 것은 이미 그 전에 부모인 아담과 하와가 한 아이를 다른 아이와 비교하고 편애했다는 점이다. 이는 부모들이 아들들에게 지어 준 이름의 뜻을 보면 분명히 알 수 있다. 가인의 뜻은 '그가 다스려야 한다'이고, 아벨의 뜻은 '공허함, 덧없음'이다.[3] 이름을 보면 맏아들 가인은 부모에게 아벨보다 더 사랑받았던 것 같다. 흔히 맏이는 무엇에나 첫째가 되려는 경향이 강해서 한 번이라도 남에게 뒤처지는 경험을 하면 쉽게 질투에 사로잡힌다.

가인은 아벨과 더불어 하나님께 제사드릴 때 그런 경험을 했다. 가인의 부모와 달리 하나님은 아벨을 더 좋아하셨고 가인은 그것을 받아들일 수 없었다. 뭐든 자기가 첫째여야 한다는 생각을 품고 있던 가인은 예상치 못한 하나님의 반응에 이성을 잃고 질투에 사로잡혀 동생을 때려죽인다. 언제 어디서나 자기가 주도권을 잡는 게 마땅하다고 여기는 가인의 이런 이기적 주장은 우리 핏속에도 면면히 흐른다.[4] 살인 후에도 가인은 계속 하나님께 고집불통 어린애처럼 반항한다. "제가 아우를 지키는 사람입니까?"(창 4:9)라고 대들며 따진다. 그러나 하나님은 살인 후 두려움에 떠는 가인을 위해 표를 주어 그가 살해당하지 않도록 막아 주신다. 결국 가인은 길을 떠나 놋 땅('쉼 없음'이라는 뜻)에 거주한다. 그의 '하나님 없음'은 곧 '사람 없음'과 '고향 없음'이 됐다.[5]

미리암과 모세

모세의 누나인 미리암은 모세의 인생에서 중요한 순간마다 함께했고 갓난아기였던 모세가 살아남을 수 있도록 결정적 도움을 주기도 했다(출 2:4 이하). 세 남매의 맏이인 미리암은 보통 맏이들처럼 앞에 나서서 이끄는 걸 좋아했지만, 하나님은 막내인 모세를 이스라엘 백성의 지도자로 택하셨다. 그 뒤 미리암은 질투에 사로잡혀 모세에게 반역하고 모세 부부를 백성 앞에서 비방했다. 그러나 모세는 이런 갈등 중에도 자기를 방어하지 않고 겸손하게 처신했다. 그러자 하나님이 직접 나서서 미리암을 나병으로 치셨다(민 12장). 이 일을 계기로 모세는 하나님께 한 번 더 이스라엘의 지도자로서 사명을 확증받았을 뿐만 아니라, 중보 기도를 통해 누나 미리암의 나병을 치유함으로써 하나님이 주신 권위를 증명했다.

사울과 다윗

사울이 아직 이스라엘 왕으로 있을 때 다윗은 사울의 왕권을 이어받을 후계자로 하나님께 기름부음 받았다. 그때부터 사울의 서슬 퍼런 질투가 시작된다. 사울이 질투의 대상 다윗을 제거하려 했기에(삼상 18:8 이하) 다윗은 늘 목숨의 위협을 느끼며 도망 다녀야 했다. 그러나 다윗은 모세와 마찬가지로 자기를 미워하는 사울에게 맞대응하거나 복수하지 않고 겸손하고 침착하게 대처했다(삼상 24장). 마침내 하나님은 다윗의 소명을 다시 확증하시고 그를 당당히 왕으로 세워 주셨다.

한나와 브닌나

엘가나에겐 한나와 브닌나라는 두 아내가 있었다. 그는 한나를 더 사랑했지만 하나님은 한나에게 자녀를 주지 않으셨다(삼상 1:5). 자녀를 둔 브닌나는 한나를 업신여겼는데, 그 이면에는 분명 자기보다 남편에게 더 사랑받는 한나에 대한 질투심이 크게 작용했을 것이다.

두 여자와 한 남자 사이에선 한 여자가 더 사랑받기 마련이고, 그러면 밀려난 쪽에선 질투의 대상을 증오하게 된다. 브닌나가 한나를 어찌나 괴롭혔던지 급기야 한나는 식욕을 잃고 밤낮 우는 지경에 이르렀다.

이런 괴로운 갈등 상황에서도 한나는 지혜롭게 대처했다. 브닌나에게 맞대응하는 대신 하나님 앞에 엎드려 기도하며 기다린 끝에 드디어 아들을 얻었다. "만군의 주님, 주님께서 주님의 종의 이 비천한 모습을 참으로 불쌍히 보시고, 저를 기억하셔서, 주님의 종을 잊지 않으시고, 이 종에게 아들을 하나 허락하여 주시면, 저는 그 아이의 한평생을 주님께 바치[겠습니다]"(삼상 1:11)라고 하나님께 서원했던 그녀는 아들 사무엘이 젖을 떼자마자(세 살쯤 됐을 것이다) 대제사장 엘리에게 맡겨 성전에서 살게 했다. 사무엘은 한나에게 자존심과 체면을 세워 주는, 정말 오래 갈망해 온 귀한 아들이었다. 그러나 한나는 그 아들을 하나님께 드리고 자기는 겨우 1년에 한 번 정도 만나는 것으로 만족했다. 하나님은 이 아이를 후에 이스라엘의 위대한 선지자로 쓰셨다.

다니엘과 고관들

다리오 왕에게 총리로 임명된 다니엘은 다른 고관들보다 지혜가 월등히 뛰어났다(단 6:5). 다니엘의 탁월함을 질투한 다른 신하들은 급기야 음모를 꾸며 다니엘을 제거하려 했다. 그러나 눈을 씻고 봐도 다니엘을 고발할 구실을 찾지 못하자, 그들은 오직 왕에게만 기도하고 다른 신에겐 절대 기도하면 안 된다는 억지 법을 만들어 시행하게 했다. 그러나 다니엘은 아랑곳없이 늘 하던 대로 하루 세 번씩 하나님께 기도를 올렸다. 결국 그는 법을 어긴 죄로 사자굴에 던져졌고, 음모자들은 꼴 보기 싫은 질투의 대상을 제거했다고 쾌재를 불렀다. 그러나 다니엘은 하나님이 보내신 천사의 보호를 받아 머리카락 한 올 상하지 않았다. 오히려 질투에 눈먼 자들은 야비한 술수가 드러나 벌을 받았고 다니엘은 이전보다 더 큰 명예를 얻었다.

성경이 들려주는 이 이야기들은 비교로 질투의 종이 된 사람은 결국 파멸에 이르고, 남의 시기 어린 행동에 휩쓸리지 않고 침착하게 대처한 '비교 대상자'는 갈등을 효과적으로 해결한다는 교훈을 준다(4장에서 한 번 더 다루겠다).

그 외 구약의 비교 주인공들: 아브라함과 사라, 이삭과 리브가, 야곱과 에서, 레아와 라헬, 요셉과 형제들

하나님은 아브라함에게 아들을 주겠다고 약속하셨지만 아브라함은 그 후로도 오랫동안 아들을 얻지 못했다(창 16장).

그러자 아브라함의 아내 사라는 여종 하갈을 남편에게 주어 자기 대신 아이를 낳게 했다. 구약 시대에 여종은 여주인의 소유였으므로 이는 적법한 행위였고, 여종의 아이는 곧 여주인의 아이였다. 그런데 하갈은 임신하자 주인 사라를 우습게 여기기 시작했다. 이에 화가 난 사라가 하갈을 몹시 학대하자 하갈은 도망을 쳤다. 사라가 하갈을 괴롭힌 동기의 이면에도 분명 비교에서 비롯된 질투심이 작용했을 것이다. 하갈은 불임인 자기와 달리 임신했을 뿐 아니라 나중엔 아브라함에게 맏아들 이스마엘을 낳아 주었기 때문이다. 결국 사라는 하갈을 쫓아내 버렸다.

하갈이 이스마엘을 낳고 13년 뒤 드디어 사라도 이삭을 낳았다. 부모는 이스마엘보다 이삭을 더 사랑했다. 어른이 된 이삭은 자식을 편애한 부모의 태도를 그대로 따라했다. 그는 사촌의 딸 리브가와 결혼해서 쌍둥이 아들 야곱과 에서를 얻었는데, 이삭은 에서를 더 사랑했고 리브가는 야곱을 응석꾸러기로 만들었다.

이렇게 자녀를 비교하고 편애하는 부모의 그릇된 사랑이 형제 사이에 불화의 씨를 뿌렸다. 가족 내의 전쟁이 시작되면서 결국 야곱은 형 에서를 피해 도망가야 하는 처지에 이르렀다(창 27장 이하).

야곱은 먼 곳으로 가서 자매 사이인 레아와 라헬과 결혼했는데, 이 자매 역시 남편의 사랑을 두고 다투면서 파괴적인 비교의 덫 속에 빠져들었다. 야곱은 언니 레아보다 매력적인 동생 라헬을 더 사랑했다. 레아는 야곱에게 여러 자녀를 낳아 주었으나 라헬에겐 아이가 생기지 않았다. 레아가 아들 셋, 딸 하나를 낳는 동안 자식을 하나도 낳지 못한 라헬은 몸종 빌하를 야곱에게 주어 아들 둘을 낳게 했다. 그러자 이에 질세라 레아 역시 여종 실바를 야곱에게 주어 아들 둘을 낳게 했다. 언니 동생 사이에서 "거울아, 거울아, 누가 야곱의 후손을 더 많이 낳니?"라는 희한한 경쟁이 불 붙은 것이다.

드디어 라헬도 하나님의 은혜를 입어 야곱의 아들 중 끝에서 둘째인 요셉과 막내 베냐민을 낳았다. 그러나 정작 그녀는 베냐민을 낳다가 죽었다. 야곱은 어린 시절에 자기가 어머니의 편애를 받았듯이 라헬이 낳은 요셉을 유독 예뻐했다. 그러나 그의 치우친 사랑이 요셉의 다른 형제들에게 질투의 불을 당겼다. 결국 그들은 아버지가 가장 사랑한 아들을 해치고 말았다. 어디서나 질투의 대상은 제거 대상 일 순위가 되기 마련이다. 형들의 미움을 받은 요셉 역시 낯선 나라에 노예로 팔려 갔다. 형들은 아버지 야곱에게 요셉이 들짐승에게 잡아 먹혔다고 거짓말했다. 야곱의 아들들은 자식을 비교하며 공정하게 대하지 못한 아버지에게 이런 식으로 복수하려 한 것이다. 편애와 질투의 긴 사슬은 이 가정에서 몇 대를 이어 계속 반복되었다.

이 가족사를 보면, 인간관계에서 자기와 남을 비교하고 경쟁하며 시기하는 태도는 어린 시절 가정에서 경험한 부모의 태도와 깊은 연관이 있음을 알 수 있다(3장에서 계속 다루겠다).

신약에서도 비교 대상 간에 벌어지는 이야기는 계속된다.

탕자와 맏아들

누가복음 15장에서 예수님은 두 아들의 비유를 들려주신다. 맏아들은 아버지 곁에서 자기에게 맡겨진 일을 착실하게 다 해냈다. 그러나 둘째 아들은 가정의 전통을 깨고 자기 유산을 미리 챙겨 집을 나갔다. 그러고는 재산을 탕진한 채 만신창이가 돼 집으로 돌아왔다. 아버지는 그를 용서하고 맏아들이면서 성대한 잔치까지 열어 주었다.

고된 하루 일을 마치고 집에 돌아와 그 광경을 본 맏아들의 두 눈에 핏발이 선다. 거지꼴로 돌아온 허랑방탕한 동생에게 잔치를 열어 주다니! 그는 망치로 얻어맞은 듯한 충격에 휩싸였다. 집에 얌전히 남아서 온 힘을 다해 아버지를 섬겨 온 자기가 아버지의 사랑을 독차지한다고 철석같이 믿었건만, 착하고 순종적인 자기에게나 어울릴 법한 잔칫상을 몹쓸 동생이 받고 있다니…. 쓰라린 질투심에 사로잡힌 그는 불같이 화를 냈다.

포도원의 일꾼들

예수님이 들려주신 포도원 일꾼들의 비유 역시 탕자 이야기와 주제가 비슷하다(마 20:1 이하).

이른 아침 첫 일꾼들이 하루 품삯 1데나리온을 받기로 하고 포도원에 고용되었다. 1데나리온은 당시 한 가족의 하루치 생활비였다. 포도원 주인은 온종일 여러 차례 시장에 나가서 매번 같은 품삯을 주기로 하고 일꾼들을 데려왔다. 저녁이 되어 품삯을 지급할 때가 되자 주인은 맨 마지막에 고용된 사람부터 1데나리온씩 지급하기 시작했다. 아침 일찍부터 포도원에서 일한 일꾼들은 그것을 보고, 자기들은 더 많은 돈을 받을 거라고 내심 기대했다. 그러나 그들도 똑같이 1데나리온씩만 받자 시기심이 끓어올랐다. 불평을 터뜨리는 그들에게 포도원 주인은 이렇게 되묻는다. "이보시오, 나는 당신을 부당하게 대한 것이 아니오. 당신은 나와 한 데나리온으로 합의하지 않았소? 당신의 품삯이나 받아 가지고 돌아가시오. 당신에게 주는 것과 꼭같이 이 마지막 사람에게 주는 것이 내 뜻이오."

이 이야기는 우리가 이 땅을 사는 동안 서로 어떻게 대해야 하는지 잘 보여 준다. 하나님이 다른 사람에게 베푸시는 선에 대해 우리는 함께 감사하고 기뻐하는 것이 마땅하다.

예수님의 제자들

흥미롭게도 바로 같은 장에 예수님의 제자들 사이에서 일어난 질투 사건이 나온다(마 20:20).

야고보와 요한의 어머니가 두 아들을 예수님께 데리고 와서, 주님의 나라에서 주님의 양쪽 특별석에 한 자리씩 앉혀 달라고 부탁했다. 그러자 예수님은 그 여인에게 이렇게 말씀하셨다. "너희는 너희가 구하는 것이 무엇인지도 모르고 있다. 내가 마시려는 잔을 너희가 마실 수 있겠느냐?"(마 20:22). 그 대화를 들은 다른 제자들은 자기들을 제쳐놓고 특별석이 거래되는 것에 분노했다.

바로 여기서 예수님은 우리가 다루는 주제에 큰 도움이 되는 말씀을 하신다. "너희 가운데서 위대하게 되고자 하는 사람은 누구든지 너희를 섬기는 사람이 되어야 [한다]"(26절). 진정한 위대함은 자기를 과시하고 섬김을 받는 데 있는 게 아니라 자기를 낮추고 남을 섬기는 데 있고, 진정 위대한 자는 섬기는 자라고 일러 주신다.

마리아와 마르다

마리아와 마르다 이야기는 신약에 여러 번 나온다(눅 10:38 이하, 요 11:1-44, 12:1-3). 이 이야기들을 종합하면 마르다의 태도에서 놀라운 발전을 보게 된다.

예수님은 마리아와 마르다, 나사로 남매가 사는 집을 방문하셨다. 마르다는 갑자기 들이닥친 손님을 대접하려고 발을 동동 구르며 일한다. 그런데 동생 마리아는 예수님 곁에 붙어 앉아 예수님의 말씀만 듣고 있다. 마르다는 정신없이 일하는 자기를 돕지 않고 편하게 앉아만 있는 마리아에게 화가 나서 예수님께 동정표를 얻으려고 하소연한다. "주님, 내 동생이 나 혼자 일하게 두는 것을 아무렇지 않게 생각하십니까? 가서 거들어 주라고 내 동생에게 말씀해 주십시오." 그런데 예수님의 대답이 흥미롭다.

예수님은 마르다의 수고와 노력을 다 안다고 하시면서도 그녀의 편을 드는 대신 오히려 삶의 우선순위를 짚어 주신

다. "마르다야, 마르다야, 너는 많은 일로 염려하며 들떠 있다. 그러나 주님의 일은 많지 않거나 하나뿐이다. 마리아는 좋은 몫을 택하였다. 그러니 아무도 그것을 그에게서 빼앗지 못할 것이다." 예수님은 마르다와 동생 마리아를 비교하시면서, 삶에서 가장 중요한 것은 일이나 성과가 아니라는 점을 일깨우신다. 그리고 마르다의 행위 뒤에 숨은 진짜 동기를 점검하도록 해주신다. 이 가르침의 효과는 요한복음 11-12장에서 확인할 수 있다.

이제 마르다는 마리아를 질투하지 않고 순순히 예수님께로 보내 준다(11:28). 마리아가 다시 예수님 발치에 앉아서 심지어 예수님의 발에 향유를 들이붓는 것을 보고도 투덜대거나 시기하지 않고, 묵묵히 혼자서 음식을 나르며 손님들의 시중을 든다(12:2).

마르다는 동생 마리아와 비교하면서, 사람마다 각기 다른 방식으로 예수님을 사랑하고 섬길 수 있다는 것을 배웠다. 마리아는 발치에 앉아서, 마르다는 일하면서 예수님께 대한 사랑을 표현했다.

Chapter 2

비교의 덫

비교의 덫에 걸리면 주로 질투가 불러일으키는 불평불만, 죄책감, 열등감이나 우월감의 늪에 빠진다. 이는 인간관계에 갈등을 빚어 삶의 생기를 질식시키는 독이다. 이번 장에서는 미국의 정신과 의사 에릭 번$^{\text{Eric Berne}}$이 개발한 교류 분석 이론을 통해, 인간관계를 이루는 네 가지 기본 태도를 살펴보겠다. [교류 분석 이론은 자기 자신과의 관계뿐 아니라 다른 사람과의 관계를 개선하는 심리치료법으로, 에릭 번의 「심리 게임」(*Games People Play*, 교양인 역간)이라는 책으로 널리 알려졌다.]

인간관계를 이루는 네 가지 태도

이 기본 태도는 그때그때의 상황이나 기분 상태, 경험에 따라 수시로 바뀐다. 따라서 한 사람이 항상 같은 태도를 유지하는 게 아니고, 여러 사람을 같은 태도로 대할 수도 있으며, 같은 사람이라도 상황이 바뀌면 태도가 바뀔 수도 있다.

1. 건강한 사고방식: 나는 좋아, 너도 좋아

이런 태도를 가진 사람은 자기 가치를 잘 안다. 자신이 하나님께 사랑받으며 불변의 존엄성을 부여받았음을 알고, 이는 다른 사람도 마찬가지라는 것을 안다. 그래서 남에게 "네 모습 그대로 괜찮아"라고 말할 수 있다. 나와 남이 똑같이 소

중하다는 이 확신이 인간관계를 튼튼하게 한다.

이처럼 서로 같은 차원에서 바라보는 관계에선 오해가 생겨도 쉽게 풀린다. 서로 변명을 늘어놓거나 자기를 합리화할 필요가 없다. 상대가 실수해도 용서할 수 있고 그의 존엄성과 가치를 여전히 인정할 수 있다. 이는 또한 자신에게도 마찬가지로 적용된다.

실수와 약점이 있어도 나는 하나님께 사랑받는 귀한 존재며 나만의 독특한 재능과 사명이 있음을 아는 사람은 다른 사람과도 원만하게 지낼 수 있다.

2. 우울한 사고방식: 나는 나빠, 너는 좋아

이는 비교할 때 주로 나타나는 태도다. "너는 아무 문제 없지만 난 아니야. 나는 너보다 못하고 열등해. 남들이 다 나보다 더 똑똑하고 잘난 것 같아서 항상 내가 작게 느껴져." 그 결과 몸과 마음이 움츠러들고 열등감과 죄책감에 사로잡힌다.

이런 태도를 가진 사람은 섬김과 겸손을 무조건적인 굴복으로 오해하기 쉽다. "남들이 나보다 더 나으니까 내게 이래라저래라 하는 것도 당연해. 나는 내 욕구나 의견을 표현할

권리가 없어. 다른 사람이 시키는 대로 따르는 게 가치 있는 삶을 사는 유일한 방법이야."

3. 독재적 사고방식: 나는 좋아, 너는 나빠

"나는 다 옳지만 너는 뭔가 문제 있어. 무엇이 옳은지, 어떻게 해야 하는지, 어떻게 사는 게 맞는지 내가 너보다 더 잘 알아." 이런 사람에겐 남의 행동이 다 못마땅하다. 내 입장이 언제나 옳다는 확신에 사로잡혀 있기에 다른 사람의 의견은 받아들이지 않는다. 일과 사람을 분리해서 보지 못하고, 상대의 태도와 그 사람 자체를 같다고 여겨서 상대를

비난하기 일쑤다. 이런 태도는 주로 불평과 비판 뒤에 숨어 있다.

4. 염세적 사고방식: 나는 나빠, 너도 나빠
"내게도 뭔가 문제가 있지만, 너도 마찬가지야." 이런 태도는 주로 책임 전가로 이어진다. 자기 일이 잘 안 풀릴 때 그 책

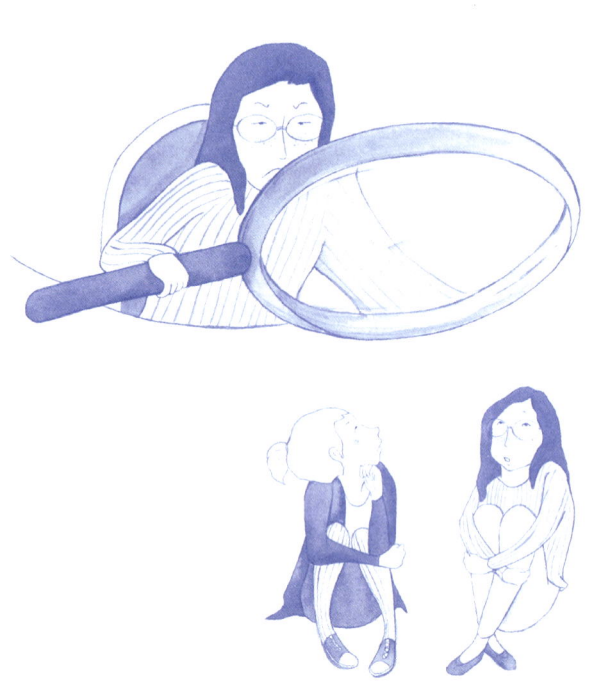

임을 다른 사람에게서 찾으려 한다. "네가 문제가 있으니까 내게도 문제가 생기는 거야." 이런 사고방식의 결과는 자기 학대, 복수, 이유 없는 분노 폭발, 타인의 불행을 고소해하는 심술로 나타난다. 자기를 거부하고 증오하는 마음은 어린 시절에 무시당하거나 학대받은 깊은 상처에서 비롯되는 경우가 많다. "내가 잘 안 된 일은 다른 사람도 잘돼선 안 돼. 내가 누리지 못했으니 남도 못 누리게 할 거야."

인간관계를 이루는 이런 기본 태도들을 알면 우리 행동의 동기를 밝히고 다음의 여러 덫에서 빠져나오는 길을 찾을 수 있다.

첫 번째 덫: 질투

질투는 점잖지 못하고 유치한 것으로 여겨지므로 대부분은 질투를 느껴도 그 사실을 감추거나 부인하려 한다. 하지만 억누른다고 쉽게 사라지지 않는다. 오히려 우리가 억압하는 것들은 의지와 상관없이 생각과 감정, 신체와 태도에 더욱 강한 영향을 미친다.

생각과 감정에 미치는 질투의 영향

질투의 이면엔 주로 자신이 손해 보았고, 충분히 얻지 못했고, 사랑받지 못했다는 피해의식이 숨어 있다. 그래서 질투심에 사로잡히면 이런 잘못된 결론을 내린다. "내가 저 사람과 똑같은 걸 가진다면, 똑같은 상황이라면 모든 게 달라질 텐데…."

내가 갖지 못한 것을 남은 다 가진 것 같고, 나는 이루지 못한 욕구를 다른 사람은 다 이룬 것처럼 생각된다. 그런데 정말 그럴까?

마음의 눈이 자기보다 더 나아 보이는 사람에게 고정되면 자기 삶에 주어진 가능성은 점점 시야에서 사라진다. 대신 아직 갖지 못한 것과 앞으로 가질 수 있는 것들만 보게 된다. 그러면 자기가 가진 것은 다 시시해 보이고, 자기 삶엔 좋은 것이나 내세울 만한 특별한 것이 전혀 없는 것처럼 여겨진다. 그래서 더는 자기 삶에서 새로운 것, 흥미로운 것, 가슴 뛰게 하는 것을 기대하지 않고, 멋지고 재미있는 것은 모조리 남의 것이라고 확신하게 된다!

이때 지배적인 태도는 "너는 좋고, 나는 나빠"이다. "남이 가진 게 내가 가진 것보다 더 좋아. 나는 불이익을 당한 피해자야."

분석심리학자 베레나 카스트Verena Kast는 질투란 슬픔, 분노, 증오가 뒤범벅된 감정이라 했다.[1] 자신에 대한 불만족과 자기 삶에 대한 분노, 자신이 갖고 싶거나 되고 싶은 것을 이룬 사람에 대한 증오심을 품은 사람은 이런 생각에 빠진다. "나는 지금 내 모습에 동의할 수 없어. 그러니 내 생각을 바꾸든지 내 삶을 바꾸든지 해야 해."[2]

정서 상태가 이러니 질투하는 사람은 우울과 짜증을 자주 느끼고 신경도 날카롭다. 그래서 냉랭하고 쌀쌀맞다.[3] 마음의 평화가 없으니 자주 불면증에 시달린다.

매사가 마음에 안 들고 모두에게 불만이 가득해서 마음이 불편하고 허전하다면, 내면에 억압된 질투가 숨어 있을 가능성이 크다.

질투에 사로잡히면 참 기쁨을 누리지 못한다. 기껏해야 남이 잘 안 되는 것을 볼 때나 기쁨을 느낀다. 삶의 에너지를 질투 대상을 거부하고 저항하는 데 주로 쓰다 보니 자기 삶을 개발할 여력이 없다.[4] 따라서 질투는 창의력의 싹을 자르는 일등공신이다.

질투는 다른 사람과 그들이 가진 것에만 집중하게 하므

로 자신과 자기 삶에 몰두하지 못하도록 방해한다. 질투에 병적으로 완전히 사로잡히면 정신적, 신체적 질병에 걸렸을 때와 비슷한 증상이 나타난다. 환자는 이기적이기 쉽다. 자기 병에만 신경 쓰느라 주위 사람을 자기에게만 묶어 두려 하고 주변에 끊임없이 뭔가를 요구한다. 중독성 문제가 있을수록 다른 사람에게 매이고 의존하는 성향이 강한데 질투에 사로잡힌 사람도 비슷한 현상을 보인다. 남을 대할 때마다 자기 내면에서 들끓는 질투 성향에 집중하느라, 인간관계 안에 실제로 존재하는 문제를 해결하는 데는 그만큼 신경을 쓰지 못한다.[5]

질투가 신체에 미치는 영향

끊임없이 질투하는 사람에겐 특정한 신체 증상이 나타난다. 활기와 온기가 없고, 소극적이고 냉소적이며, 우울하고 의기소침하다. 질투는 생기를 앗아간다. 그래서 혈관이 축소돼 혈색이 창백해지고 목소리에도 힘이 없으며 말을 더듬기도 한다.[6]

질투에서 비롯된 스트레스는 신체 장기에도 영향을 미쳐서 눈, 소화기관, 피부, 호흡기 계통에도 문제를 일으킨다.[7]

위통, 식욕 저하, (담즙이 노래졌다가 파래졌다 하는) 담즙 장애, 고혈압, 진땀 흘리기, 심장 두근거림, 호흡곤란 등의 증상이 생긴다.

잠언 14장 30절 말씀처럼 "질투는 뼈를 썩게 한다."

질투가 행동에 미치는 영향

- 남 깎아내리기: 거짓말, 험담, 중상모략, 헛소문 퍼뜨리기 등을 통해 질투의 대상을 웃음거리로 만든다. "그 사람, 알고 보니 이런 적이 있었대…."

- 복수 계획이나 실행: 모세가 하나님께 더 사랑받는 것을 질투해서 모세 부부를 공개적으로 비방한 미리암이 대표적 예다.

- 질투 대상에게 해 입히기: 예를 들면 이웃의 멋진 정원을 몰래 망침으로써 질투의 동기를 제거하고 남의 불행을 즐기는 식이다. 야곱의 아들들이 아버지의 사랑을 독차지하는 동생 요셉을 눈앞에서 없애 버린 것이 대표

적 예다. 이런 행위 이면에는 이런 생각이 숨어 있다. "남이 나보다 더 잘되는 꼴은 죽어도 못 봐."

- **자살**: 질투 대상에게 죄책감을 불러일으켜 괴롭히려는 복수의 한 형태다.[8]

- **스토킹**: 질투 대상이 원치 않는데도 그를 집요하게 치근댄다. 스토킹stalking이란 단어는 원래 영어의 사냥 용어로 '사냥감에게 몰래 다가가다'라는 뜻이다.[9] 스토킹의 전형적 방식에는 전화 테러, 편지나 메일로 쉴 새 없이 접촉 시도하기, 숨어서 기다리기, 집 앞에 온종일 진 치고 있기, 상대의 신체나 물건에 해를 입힐 만큼 따라다니기 등이 있다. 스토킹은 주로 사회적으로 지위가 높은 사람에게 행해지는데,[10] 이런 행동의 이면에는 자기도 상대의 삶의 한 부분이 되어 그가 누리는 것을 함께 누리려는 마음이 숨어 있다. "나도 그의 삶의 일부가 되고 싶어. 그 사람에게 관심과 주목을 받고 싶어."

- **살인 욕구나 행위:** 가인은 질투로 동생 아벨을 죽였고, 에서도 동생인 야곱이 가로챈 축복을 시기해서 그를 죽이려 했으며, 야곱의 아들들도 동생 요셉을 질투해 죽이려 했다. 이런 잔인한 행동은 자기가 당하는 부당한 고통에 복수하려는 감정이 동기가 되었다. 질투 대상이 사라지면 자기의 무능함과 열등감을 일깨우는 것도 사라지기 때문이다.

- **불신:** "나는 나빠, 너도 나빠"라는 태도를 가지면 특히 불신의 늪에 쉽게 빠진다. 이런 태도를 가진 사람들의 주된 생각은 이런 것이다. "사람들은 내게 해를 입히거나 나를 희생시켜서 자기 이득을 챙길지도 몰라. 내가 다른 사람에게 호의를 베풀지 않으니까 그들도 나를 호의적으로 대하지 않을 거야."

- **감시와 통제:** 남이 나보다 더 유능하고 성과를 많이 낸다는 질투심에 사로잡힌다. 그래서 다른 사람을 지나치게 감시하고 통제하려 든다. "감시하고 통제할수록 질투 대상을 내 손아귀에 더 쉽게 넣을 수 있을 거야."

이런 생각이 밑바탕에 깔려 있다. 그러나 통제당하는 사람은 자기를 방어하려고 더욱 몸을 사리고 통제하는 사람에게서 멀어지려고 한다.[11] 그러면 질투하는 사람은 자신의 불신을 더욱 정당화한다. "그 사람이 그러니까 내가 못 믿는 거야. 그러니 그를 감시하고 통제할 수밖에 없어."

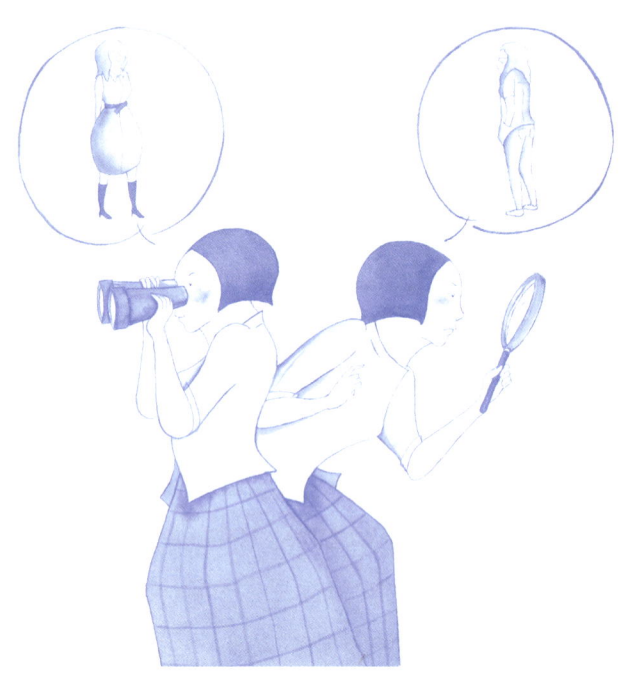

- **고독**: 이런 질투 어린 태도를 보이면 결국 더 외로워진다. 남을 믿지 못해서 거리를 두면 홀로 고립되고, 질투가 장악한 마음엔 공동체 의식이나 이웃 사랑, 책임감 등이 들어설 자리가 없다.[12] "남들이 어차피 나를 싫어하니까 내가 떨어져 있는 거야."

질투가 이렇게 병적이 될 때 다른 사람에 대한 기본 태도는 "나는 나빠, 너도 나빠"이다.

두 번째 덫: 열등감과 죄책감

우리가 부정적 비교를 할 때 주로 다른 사람은 망원경으로 보고 자신이나 배우자, 자녀, 부모, 형제자매 등 가까운 사람은 돋보기로 본다. 뭐든 망원경으로 보면 흠과 티는 사라지고 그저 아름답게만 보이며, 돋보기를 들이대면 작은 티도 태산처럼 보이게 마련이다.

남의 좋은 면은 빛나고 매혹적으로 보이는 반면 자기 삶은 문제 투성이 같다. 다른 사람의 좋은 면과 자기의 나쁜면을 비교하는 게 바로 이와 같다. 비교가 전혀 안 되는 두 상황을 서로 비교하니 문제가 생긴다. 내 삶은 초라하고 하찮게 여겨진다. 곧 열등감이 생기고, 열등감이 심해지면 죄책감으로 발전한다. 그래서 이런 결론을 내린다. "내가 열등한 건 다 내 탓이야. 내가 남보다 못한 건 당연해."

이때의 기본 태도는 "너는 좋아, 나는 나빠"이다.

죄책감이 생기는 이유

"죄책감을 느낀다는 건 내가 뭔가 잘못했다는 증거야." 이렇게 생각하는 사람이 많다. 하지만 반드시 그런 것만은 아니다. 실제로 잘못한 게 없어도 죄책감이 들 수 있다. 특별히 잘못한 게 없는데도 끊임없이 죄책감에 시달리는 사람이 적지 않다. 반대로 일부러 잘못을 저지르고도 전혀 죄책감을 느끼지 않는 사람도 있다. 특히 어릴 때 도둑질이나 거짓말 같은 잘못된 행동을 해도 야단맞지 않는 환경에서 자란 경우에 그럴 수 있다. 죄책감의 원인에는 여러 요소가 있다. 예를 들면 다음과 같다.

- **어린 시절의 가정교육**: 부모가 끊임없이 자녀의 죄를 지

적하고 압박하는 것을 교육 수단으로 쓰면 아이들은 이렇게 생각하게 된다. "뭔가 일이 잘 안 되는 건 나 때문이야. 그러니 사랑받고 칭찬받으려면 더 나아져야 하고 완벽해져야 해." 그래서 실수나 실패는 자기 가치를 떨어뜨리는 나쁜 것으로 여긴다. 즉 죄책감은 부모의 사랑을 잃지 않을까 하는 두려움에서 생기는 경우가 많다.[13]

- **형제 서열:** 맏이는 어릴 때부터 줄곧 책임지는 위치에 있기에 쉽게 죄책감을 느낀다. 이들은 어른이 돼서도 주위의 모든 일을 자기가 관리하고 책임지려는 성향이 강하다. 그래서 뭔가를 개선하고 교정하는 일에 주도적으로 나서지만, 실패하거나 문제가 생기면 자신을 탓하고 죄책감에 시달린다.

- **너무 높은 기대:** 이를테면 이런 것들이다.
  — 좋은 엄마가 되는 동시에 능력 있는 직장 여성이 돼야 해.
  — 이웃에게 좋은 이미지를 줘야 해.

- 집을 먼지 하나 없이 반들반들 잘 가꿔야 해.
- 친구도 많이 사귀고 인간관계를 잘 관리해야 해.
- 잡지나 텔레비전에 나오는 모델처럼 군살 없는 몸매를 유지해야 해.
- 취미생활도 한두 개쯤 즐길 줄 알아야 해.
- 책도 부지런히 읽고 박학다식해져야 해.
- 1년에 몇 차례씩 휴가도 가야 해.
- 실내장식도 계절 따라 최신 유행으로 바꿔야 해.
- 가끔 손님도 초대해서 융숭히 대접해야 해.
- 자녀를 반듯하게 키워서 좋은 부모가 되어야 해.

이런 기대를 다 충족시켜야 한다고 생각하면, 도달하기 힘든 목표를 정해 놓고 자신을 닦달하다가 결국 한계에 부닥쳐 좌절한다. 기대와 현실 사이의 괴리감에서 죄책감이 생긴다. 현재의 못마땅한 자기 모습과 돼야 할 이상적 모습 사이, 지금의 삶과 목표로 정한 삶 사이에서 괴로움을 느끼는 것이다.

투르니에[P. Tournier]에 따르면, 사람은 자신과 동일시하던 일에서 좌절을 경험할 때 죄책감을 느낀다.[14] 그러므로 비현실적인 목표와 자기를 동일시해서 그것을 이뤄야만 자신이 가치 있다고 여기면 목표에 이르지 못할 때마다 죄책감에 시달리게 된다.

그렇다면 죄책감의 진짜 원인은 우리의 실패일까, 지나친 목표일까?

- **구체적인 죄**: 물론 죄책감은 구체적으로 죄를 지어서 생기기도 한다. 예를 들어 하나님이 주신 계명을 어기거나, 이웃을 사랑하지 않는 이기적 행위를 했거나, 하나님보다 사람의 말을 더 따랐을 때 죄책감을 느낀다.

죄를 짓는 것은 인간의 본성이다. 우리를 죄에서 구하고 죄책감의 소용돌이에서 건지려고 그리스도께서 이 땅에 오셨다. 예수님은 우리 죄를 대신 지고 죽으셨다. "그러므로 이제 그리스도 예수 안에 있는 사람들은 정죄를 받지 않습니다"(롬 8:1). "죄가 많은 곳에 은혜가 더욱 넘치게 되었습니다"(롬 5:20). 예수 그리스도를 통해 우리는 죄 사함 받고 죄책감에서 벗어나 새로 시작할 수 있다. 그러니 죄책감을 부여안고 자기를 정죄하는 삶에 머물러선 안 되며 그럴 필요도 없다. 예수님께서 자신의 생명을 바쳐 우리 가치를 높여 주셨으니 스스로를 깎아내리려 해서는 안 된다. 모든 죄 짐을 예수 그리스도께 내려놓고 안도의 숨을 크게 쉬면서 어깨를 활짝 펴고 하늘을 바라보라. 그러면 "너는 내게 귀하다"고 선포하시는 하나님의 사랑의 음성을 들을 수 있다. 그 음성을 들으면 그리스도 안에서 자기뿐 아니라 다른 사람과도 새로운 관계를 시작할 수 있다.

성경에는 자기를 못났다고 여기는 사람과 죄인을 하나님이 만나 새롭게 하고 귀한 사명을 맡기시는 이야기가 무수히 나온다.

하나님이 이스라엘 백성의 지도자로 택하신 모세는 사람을 죽이고 왕의 심판을 피해 도망한 살인자였다. 게다가 소심하고 말주변도 없는 데다 자존감도 형편없었다(출 4:10 참고). 하나님이 사사와 장군으로 택하신 기드온도 별 볼 일 없기는 마찬가지였다. 가장 미천한 집안 중에서도 가장 어린 사람이라고 스스로 고백할 정도였다(삿 6:15 참고). 한마디로 말해 둘 다 열등감으로 똘똘 뭉친 사람들이었다.

엘리 제사장에게 임박한 심판을 알리려고 하나님이 선택하신 사무엘은 어린 소년이었다. 그러나 그는 커서 하나님의 백성을 이끈 위대한 선지자가 되었다. 사울을 이을 왕으로 하나님께 선택받은 다윗은 양치기였다(삼상 16:6-13). 그는 형제 가운데 제일 무시당하는 막내였기에 아버지 이새는 사무엘이 찾아왔을 때 아예 그를 소개하지도 않았다. 사무엘 역시 이 보잘것없어 보이는 소년을 훤칠한 그의 형 엘리압보다 하나님이 더 사랑하신다는 사실을 쉽사리 믿기 어려워했다. 그래서 하나님이 그에게 직접 이렇게 설명하셔야만 했다. "사람은 겉모습만을 따라 판단하지만 나 주는 중심을 본다"(삼상 16:7).[15]

열등감과 죄책감에 푹 젖어 있는 우리는 이 사실을 받아들이기 쉽지 않다. 그러나 하나님은 열등감과 죄책감에 사로잡힌 사람을 무수히 고쳐서 사용해 오셨고 우리에게도 그렇게 하실 것이다.

인간관계에 미치는 죄책감의 영향

엇갈리는 의사소통

"나는 늘 멍청해. 뭐든 다 내 탓이야." 이렇게 자기비하와 죄책감의 태도가 굳어지면 인간관계에도 부정적 결과가 나타난다. 남이 자기와 다른 의견을 제시하면 곧장 자신에 대한 공격으로 받아들여서 자기를 희생자로 여기고 못 견뎌 한다. 그러면 서로 터놓고 건설적인 의견을 나누기 힘들고, 결국 함께 일하고 사는 것이 고통스러워진다. 이런 행동의 기본 태도인 "나는 나빠"는 하나님에 대한 불순종의 한 형태다. 이런 태도를 갖는 이유는 하나님이 우리에게 구원과 자유를 주셨다는 사실보다 자기 감정을 더 신뢰하기 때문이며, 하나님이 부여하신 자기 가치를 받아들이지 않고 직접 자신의 가치를 결정해서 자기를 비하하기 때문이다.

이런 태도는 결과적으로 그리스도가 우리를 위해 죽고 부활하신 것을 부인하는 것이며, 따라서 새로운 긍정적 자아상으로 다른 사람과 자유롭고 평화롭게 지낼 기회를 거부하는 것이다.

협박

사례: 자녀에게 화가 난 어떤 어머니가 소리를 지르며 아이를 때린다. 그러나 돌아서자마자 후회가 돼 다시 보상의 몸짓을 취한다. 아이에게 잃어버린 점수를 만회하고 죄책감에

서도 벗어나려고 평소엔 못하게 막던 것도 너그럽게 허용해 준다. 아이들은 엄마의 이런 불안을 눈치채고 이 기회를 마음껏 이용하려 든다. 평소엔 허락되지 않던 것을 얻어 내려 떼쓰고, 엄마는 마지못해 허락하지만 곧 다시 화가 난다. 아이들이 자신의 죄책감을 교묘히 이용해서 자기를 협박하고 있음을 느끼기 때문이다. 이런 식으로 폭압, 보상, 양보의 악순환이 계속된다.

이럴 땐 그 악순환의 고리에 휘말려 일관성 없이 이랬다 저랬다 할 게 아니라, 아이들에게 솔직하게 사과하고 용서를 구해야 한다. 그리고 평소의 육아 원칙은 타협 없이 지켜 나가야 한다.

속박

사례: 아이들이 다 커서 집을 떠나고 자녀 양육의 시기가 끝나면 부모는 처음에 세웠던 가정교육의 목표와 현재의 결과를 비교해 보게 된다. "애들이 어렸을 땐 반듯하고 똑똑하고 성공적인 사람이 될 거라 기대했었는데…."

그러나 결과가 그에 못 미치면 자녀에게 제대로 못 해준 것 같은 죄책감에 마음이 무거워진다. 그러면 이제라도 만회

하려는 보상심리가 작용해서 부모는 자녀를 잘못된 방식으로 자기에게 묶어 두려 한다. "네가 내 곁에 좀 더 머무르면 자동차를 사주마."

그러면 자녀는 부모의 죄책감을 알아채고 역시 그릇된 방식으로 부모에게 매인다. "내가 떠나면 엄마가 괴로워하실지도 몰라." "지금 떠나는 건 도리가 아니야. 그랬다가 엄마가 잘못되시기라도 하면 다 내 탓이야."

그래서 자녀는 날기 시작해야 할 시기에 부모의 죄책감이라는 사슬에 묶이고 만다.

세 번째 덫: 거만과 불만

우리는 후임자를 선임자와 비교하고, 한 팀의 동료는 서로 비교하고, 사장은 아랫사람들을 서로 비교하거나 자기가 생각하는 이상적 직원 상과 견준다. 이렇게 서로 비교하는 환경에선 주위의 높은 기대로 인한 압박, 기대에 못 미칠 때의 실망과 불만 그리고 상대적으로 더 나아 보이는 사람의 교만이 활개친다.

부모는 자녀를 서로 비교하고 심지어 비교를 교육의 도구로 사용하기도 한다. "너는 왜 네 동생처럼 반듯하게 행동 못 하니! 동생은 어른에게 인사도 깍듯이 잘하는데, 너는 언니가 돼서 왜 동생만도 못 해?" "너는 왜 친구보다 성적이 나쁘니! 학원은 똑같이 다니면서…."

소위 '더 나은 아이'라는 잣대로 비교하면 멀쩡한 애를 못난 애로 만들어 버린다. 이는 비교당하는 아이에겐 돋보기를 들이대고 비교의 잣대가 되는 아이에겐 망원경을 들이대서, 한 사람의 약점을 다른 사람의 강점과 비교하는 꼴이다.

저 사람은 마땅히 이래야 한다는 이상적 상에 시선이 고정되면 그와의 관계는 파괴로 치달을 수밖에 없다. 상대가 전혀 충족시킬 수 없는 잣대를 들이대니 절대 그에게 만족할 수 없고, 끊임없는 질책, 불평, 비판이 독이 돼 관계를 질식시킨다. 이때의 기본 태도는 "나는 좋아, 너는 나빠"이다. 예를 들어 나보다 모든 게 더 나아 보이는 친구 집에 갔다 오면 집에서 한바탕 싸움이 벌어진다.

사례: 어느 가족이 다른 가족을 방문한다. 엄마는 속으로 자기 자녀를 이 집 자녀와 비교한다. 이 집 애들이 훨씬 몸

가짐도 단정하고 성적도 좋고 친구 관계도 원만하다. 한마디로 나무랄 데 없어 보인다.

즉시 그녀는 열등감에 사로잡힌다. "내가 우리 애들을 좀 더 잘 키웠더라면 좋았을 텐데…." 이런 생각에 우울해져서 죄책감을 느끼거나 분노가 치밀어 아이들을 비난한다. "그 집 애들이 어떻게 행동하는지 봤지? 그런데 대체 너희는 왜 그 모양이니!" 이런 행동 뒤에 깔린 기본 태도는 "나는 나빠, 너도 나빠"이다.

결혼생활에도 이처럼 잘못된 비교가 있다.

사례: C 부인은 이웃 부부가 장 보고 오는 모습을 지켜본다. 이웃집 남편은 먼저 차에서 내려 아내의 무거운 장바구니를 들어준다. C 부인은 그런 일을 언제나 혼자 해야 하는 자신의 처지가 떠오른다. 그리고 저 이웃집 여자처럼 자상한 남편과 결혼했더라면 얼마나 좋았을까, 하는 생각이 온종일 마음을 들쑤신다.

저녁에 남편이 집에 오자마자 그녀는 다짜고짜 고장 난 수도꼭지를 아직도 안 고쳐 놨다고 신경질을 부린다. 이웃집 남편이라면 벌써 백 번도 더 고쳐 놨으리라 확신하면서!

게다가 그 남자는 설거지도 자주 돕고 애들도 잘 돌보리라, 언제나 아내에게 자상하고 헌신적이리라고 굳게 믿는다! 그리고 자기 남편의 부족한 점은 세세한 것까지 꼬투리를 잡아 불평을 늘어놓는다.

C 부인은 이웃집 남편의 긍정적인 면에 망원경을 들이대 이상적으로 미화하고, 자기 남편의 부정적인 면엔 돋보기를

들고 확대해서 서로 비교하기 시작한 것이다. 이런 시각에 사로잡히면 이제 불평과 비난이라는 방법으로 남편을 교육해서 바꿔 보려 애쓰게 된다. "당신은 왜 항상 그렇게 무뚝뚝하고 자기밖에 몰라요? 이웃집 남자 좀 봐요. 매사에 얼마나 아내에게 극진한지. 말하기도 전에 다 알아서 한다고요. 당신, 집에 들어올 때 제발 신발 좀 가지런히 벗어 놓을 수 없어요? 신문만 보지 말고 내 말 좀 들어봐요!" 그런 식으로 C 부인은 남편에게 다음의 내용을 전달하는 것이다. "나는 지금의 당신 모습을 사랑할 수 없어요. 당신이 실수를 저지르면 난 행복하지 않아요."

그러나 이런 태도는 의도한 것과 정확히 반대의 결과로 나타난다. 그녀의 남편은 끊임없이 비교하는 아내 때문에 마음이 움츠러들고, 아내가 자기를 있는 그대로 사랑하지 않는다는 것을 느낄수록 아내에게서 점점 마음이 멀어진다. 그러면 이 관계는 불신과 불만의 독기에 서서히 질식당한다.

반대로 남편이 아내를 어떤 여배우나 회사 여직원과 비교하며 외모나 지성을 타박하고 모욕을 줄 수도 있다.

불평과 비판은 관계를 파괴하는 독이다. 많은 사람이 상황을 개선하는 도구로 이를 사용하지만, 그 결과는 언제나 정반대로 좌절과 불신을 낳을 뿐이다. 훌륭한 인격을 가진 사람은 긍정적 인간관계를 위해 건강한 방법으로 노력한다.

남에 대한 불평과 비판은 사실 자신에 대한 불만에서 비롯되는 경우가 많다. 자존감이 낮은 사람일수록 남에게 거만하게 굴고, 상대를 중상모략으로 깎아내려서 자신을 높이려 든다. 자기에 대한 실망과 불안을 덮으려고 다른 사람에게서 부정적 면을 찾는 것이다. "남을 비판하고 비하하면 상대적으로 내가 그들보다 더 낫다고 느껴져서 그 순간만큼은 살맛이 나." 이는 결혼생활뿐 아니라 다른 인간관계에서도 마찬가지다. "저 사람, 옷차림이 저게 뭐야. 하고 다니는 꼴 좀 봐." "또 사장한테 아부하는군." "애들 교육을 대체 어떻게 시킨 거야." "일 처리를 이따위로 하면 어쩌자는 거야." "처신을 대체 어떻게 하기에 저 모양이야…." 이렇게 남에게 지나치게 신경을 쓰는 것은 스스로 자신 없음을 드러내는 것이다.

누군가를 비교하면서 이렇게 거만하고 무자비한 상태에 이르면, 함께 있으면 불편해서 피하고 싶은 사람이 된다. 완벽주의자가 주로 이런 위험에 빠진다. 그는 무엇을 어떻게 해야 하는지, 세상이 어떻게 돌아가야 하는지, 남들이 어떻게 행동하고 처신해야 하는지 자기가 제일 잘 안다고 믿는다. 자기는 언제나 옳고 다른 사람은 틀렸다고 생각하기 때문이다.

이런 낮은 자존감과 그로 인한 불평과 비판은 앞에서 살펴본 성경 속 인물 마르다에게서도 분명하게 나타난다. 마르다는 동생이 예수님 곁에 앉아만 있고 자기 기대에 부응해서 일을 도와주지 않는다고 비난했다. 지금 이 상황에서 마리아의 태도는 잘못되었고 자기 행동이 전적으로 옳다고 확신했기 때문이다.

그러나 예수님은 마르다의 이런 판단과 비판에 동의하지 않으시고 마르다의 생각과는 또 다른 차원이 있음을 알려 주셨다. 아무리 바쁜 때라도 예수님의 말씀을 듣는 것이 일보다 더 중요하다고 말씀하시며, 마르다가 절대화하는 가치가 절대적인 것이 아닐 수 있음을 깨우치셨다. 자기 생각과 확신을 상대화할 수 있는 눈을 열어 주신 것이다. 이것이 그 후 마르다와 마리아의 관계를 개선했다(요 11-12장 참고).

Chapter 3

덫에서

빠져나오는
길

성경에는 비교하지 말라는 계명이 있다. 출애굽기 20장 17절은 이렇게 말한다. "너희 이웃의 집을 탐내지 못한다. 너희 이웃의 아내나 남종이나 여종이나 소나 나귀나 할 것 없이, 너희 이웃의 소유는 어떤 것도 탐내지 못한다."

오늘날 우리 식으로 말하면 남의 자동차, 요트, 주말농장이나 이웃의 생활환경, 직업, 직위 등을 탐내지 말라는 뜻이다.

이 계명이 일차적으로 지적하는 것은 탐심의 대상 자체가 아니라, 남이 가진 것을 내 것과 비교하며 시샘 어린 눈초리로 곁눈질하는 태도다. 남에게 속한 물건이나 사람을 탐하면서 그가 그것을 누리는 꼴을 못 봐주는 마음이다.

다른 계명과 마찬가지로 하나님은 이 계명을 우리가 서로 원만한 인간관계를 누리며 행복하게 살도록 하려고 주셨다. 자신을 다른 사람과 끊임없이 비교하는 것은 견디기 힘든 스트레스다. 누구도 거기에 얽매여 살아선 안 되고, 그렇게 살 수도 없다. 하나님은 우리가 이 계명을 실천해서, 남과 비교해 뭔가 손해 본 듯한 피해의식에서 벗어나 자기만의 삶에 감사하며 살기 원하신다. 이 계명을 지킬 때 우리는 자신과 다른 사람의 삶에서 자유를 누릴 수 있다.

자기 삶의 독특함을 발견하고
타인의 삶도 함께 기뻐하기

모든 사람, 모든 인생은 아주 독특한 하나님의 창조물이다. 일란성 쌍둥이조차 하나님의 오묘한 창조의 손길 아래 각각 복사본이 아닌 원본으로 만들어졌다.

우리의 외모, 기질, 취향 등 모든 특징이 서로 다른 것은 우리 각 사람을 향한 하나님의 사랑과 창의력이 풍성하기 때문이다. 이 땅 위에 살다 갔고, 살고 있고, 살게 될 그 어떤 사람도 유일무이한 존재다. 우리 삶의 배경과 환경도 그렇다. 각자 다른 가족 환경, 사회 문화적 배경, 개인적 경험 등을 통해 서로 다른 삶을 만들어 간다. 그것은 생각할수록 참으로 경이롭다.

모든 사람은 각자에게 주어진 독특한 삶을 펼쳐 가도록 창조되었다. 그래서 우리는 모두 이렇게 말할 수 있다. "하나님은 내가 행복하고 충만한 삶을 사는 데 꼭 필요한 만큼의 독특한 삶의 조건을 내게 주셨어. 그러므로 내 행복은 남이 소유한 조건에 달린 게 아니라 지금의 내 모습과 형편에 달렸어."

"행복은 안경과 같아서, 남이 끼고 있는 안경으론 내 눈이 행복할 수 없다."

자기 행복은 무시하고 남의 행복에만 눈독을 들이는 것은 자기 안경을 내팽개치고 다른 사람의 안경을 탐하는 것과 같다. 그런데 그런 사람이 얼마나 많은가!

이 사실을 분명히 인식할 때, 남의 조건을 꼭 가져야만 행복해질 거라는 착각과 압박에서 벗어나 자기 삶에 감사하면서 다른 사람의 행복도 함께 누릴 수 있다. 이런 태도를 뒷받침하는 기본 태도는 "나는 좋아, 너도 좋아"이다.

사례: 이웃이 주중에 휴가를 갔다가 주말에 함박웃음과 이야기보따리를 가득 안고 돌아왔다. 그러자 당신의 마음에서 스멀스멀 질투가 피어오른다. 당신은 화창한 주말에 그저 집 안에서 뒹굴다가 겨우 동네를 한 바퀴 산책했을 뿐이다. 나도 저들처럼 멋진 곳에서 주말을 보낸다면 행복할 텐데, 하는 생각이 먹구름처럼 마음을 뒤덮는다.

이렇게 다른 사람에 대한 질투가 싹틀 때 다음과 같이 생각하는 습관을 들이면 좋지 않은 감정을 극복할 수 있다. "저 사람이 그런 멋진 체험을 했다니 기쁘군. 내가 그 시간에 똑같은 걸 경험하지 못했다고 뭔가를 놓치거나 손해 본 건 아니야. 그에겐 지금이 바로 그것을 누릴 가장 적당한 때였고, 내겐 내가 누린 다른 것이 가장 알맞은 거였어. 모두 가장 적절한 때에 가장 좋은 것을 누린 거야. 나는 그의 삶에도 내 삶에도 감사할 거야."

프랜시스 베이컨은 이렇게 말했다. "행복한 사람이 감사하는 게 아니라 감사하는 사람이 행복하다."

베드로전서 2장 1절은 이렇게 말한다. "여러분은 모든 악의와 모든 기만과 위선과 시기와 온갖 비방하는 말을 버리십시오." 시기하지 않기로 작정하면 참된 우정과 사랑의 문이 새롭게 활짝 열린다. 질투는 서로가 진정으로 가까워지는 것을 가로막는 장벽이기 때문이다. 이 장벽을 허물 때 자기와 다른 사람의 모습을 있는 그대로 받아들이고 서로의 장점을 배우며 남의 행복도 함께 누릴 수 있다.

왜곡된 상상의 실체 벗기기

비교할 때 우리 마음에 그려지는 그림 대부분은 우리의 환상이나 비밀스러운 갈망에서 비롯된다. 우리는 흔히 남이 가진 것은 다 자기 것보다 나을 거라고 상상한다. 심지어 한 번도 만난 적 없는 사람에게서조차 그런 열등감을 느낀다.

사례 어떤 모임이나 등산, 쇼핑을 가서 외모가 뛰어난 여자를 만났다. 당신 머릿속에선 이 여자는 틀림없이 아주 행복한 삶을 살며 당신이 원하는 것을 다 누리고 있을 거라는 상상의 필름이 자동으로 돌아간다.

우리 상상 속에서 남들은 언제나 내가 바라는 걸 몽땅 갖고 있다. 나는 하는 일마다 배배 꼬이는데 그들은 매사가 술술 풀려서 자녀 문제도 부부 싸움도 고부 갈등도 없이 만족한 삶을 산다. 정말 그럴까?

사실 우리 상상 속의 이런 그림은 우리가 갈망하는 평화와 안정, 행복과 만족을 반영하는 허상일 뿐이고, 잃어버린 낙원에 대한 인간의 근원적 그리움의 표출이다. 그것은 바로 우리가 하나님을 갈망하도록 창조되었다는 증거다. 우리는 죄로 타락한 세계에서 고통과 죽음, 질병과 문제에 뒤엉켜 살기에 어둠과 눈물과 죄가 없는 삶을 언제나 그리워한다. 로마서 8장 18절은 인간뿐 아니라 모든 피조물이 이 구원을 갈망한다고 말한다. 즉 모든 피조 세계가 예수님이 다시 오시는 날에 완성될 구원을 고대하며 아직은 불완전한 세계 속에서 신음하며 사는 것이다. 하나님이 "그들의 눈에서 모든 눈물을 닦아 주실 것이니 다시는 죽음이 없고 슬픔도 울부짖음도 고통도 없는" 그날을 간절히 바라면서 말이다(계 21:4 참고). 이 천국에 대한 갈망이 모든 인간 욕구의 근원이며 질투의 원인이기도 하다. 그래서 우리는 행복, 조화, 평화, 사랑에 대한 그림에 그토록 집착하는 것이다.

광고 산업은 인간의 이런 욕구를 꿰뚫고 있다. 지금보다 더 행복한 삶을 갈망하며 사랑, 성공, 젊음, 아름다움에 집착하는 우리 욕구를 교묘히 상품에 반영한다. "이 물건을 사면 당신의 갈망도 곧 채워질 것이다. 이 차를 사면 활동성을, 이 크림을 사면 젊음을, 이 향수를 사면 섹시함을, 이 샴푸를 사면 매력을, 이 가구를 사면 행복한 결혼생활을, 이 집을 사면 완벽한 가정을, 이 맥주를 마시면 원만한 인간관계를, 이 껌을 씹으면 재미와 즐거움을, 이 음료수를 마시면 짜릿함과 후련함을, 이 보험을 들면 안락한 노후를 함께 사서 누릴 수 있다"고 광고는 쉼 없이 우리를 설득해 온다.

비교할 때 우리도 똑같은 속임수에 빠지는 셈이다. "내가 저 사람과 같은 삶을 산다면 내 갈망이 채워지고 내가 바라는 행복을 얻을 수 있을 텐데…."

그러나 그들의 삶을 돋보기로 한번 자세히 들여다본다면 그들도 나름의 문제로 씨름하며 신음하고 있음을 발견할 것

이다. 그들 또한 자기보다 나아 보이는 또 다른 사람의 삶을 기웃대며 행복을 구걸하고 있음도 알게 될 것이다. 이 땅 위의 모든 인생은 저마다 수고와 갈등, 문제와 고통, 영혼의 탄식을 경험하기 때문이다.

이런 현실을 인식하면 우리 머릿속 허상의 실체를 벗기고 객관적 시각을 가질 수 있다. 인디언 속담은 이렇게 말한다. "그 사람의 신을 신고 한 달을 걸어 보기 전에는 그에 대해 이러쿵저러쿵하지 마라." 우리 식으로 표현하면 이런 말이다. "그 사람의 삶을 한 달 이상 살아 보기 전에는 그 사람을 부러워하지 마라!"

만약 그렇게 해볼 수 있다면 우리가 질투하는 이유는 대부분 감사의 이유로 바뀔지 모른다. 우리가 부러워하는 많은 것의 이면엔 나름의 그림자가 있기 때문이다. 예를 들어 창의력이 넘치는 사람은 삶이 무질서한 경우가 많고, 매사에 정확한 사람은 창의력이 떨어지는 경우가 많으며, 자기주장이 강한 사람은 주위의 호감을 잃기 쉽고, 누구에게나 친절한 사람은 거절을 잘 못해서 손해 보는 때가 많다. 그리고 특별한 재능이 있는 사람은 그만큼 져야 할 책임도 무겁고 보통 사람이 쉽게 누리는 일상의 여유를 누리기 어렵다. 그래서 친구를 만나 수다를 떨고 취미생활을 하는 평범한 삶을 동경하기도 한다.

그러니 누군가가 부러워지거든 언제나 한걸음 뒤로 물러나서 그 부러운 대상이 처한 전체 상황을 조망해 볼 필요가 있다.

욕구를 점검하고 긍정적 목표 세우기

우리가 질투하는 게 언제나 같은 부분, 같은 상황이라면 바로 그곳에 정비와 재조명이 필요하다는 뜻이다.

베레나 카스트는 그런 상황을 다음과 같이 정의한다. "질투는 우리가 갖고 있지 않은 것을 의식하게 하므로 슬픔과 비슷하다. 슬픔은 처음엔 뭔가 가치 있는 것이 현재 자기에게 없고 그것이 없는 삶에 동의한다는 뜻이다. 그러나 결국 슬픔은 새로운 것을 다시 적극적으로 추구하도록 이끈다. 반면 질투는 자신과 대면하는 것을 방해하므로 이런 과정을 차단한다."[1]

비교하거나 질투할 때 표면에 떠오르는 우리의 갈망과 욕구, 소원 중엔 하나님이 우리 안에 넣어 두신 것도 있다. 이를 잘 파악해서 자기 안에 사용되지 않고 묻혀 있는 면, 즉 질투를 유발하는 부분을 적극적으로 개발하면 질투가 사라지기도 한다. 그런 면에서 질투를 일으키는 대상을 만나는 것은 자기 발전에 도움이 될 수 있다.[2] 질투나 비교가 잘만 사용되면 삶을 개선하는 데 유용한 도구가 되기도 한다.

우리의 욕구와 갈망의 종류는 다음과 같이 나눠 볼 수 있다.

근원적 욕구

타락한 피조물이 근원적으로 갈망하는 것은 무엇보다 구원이다. 구원에 대한 이 갈망을 늘 새로이 인식하고 영원을 바라보는 시각을 잃지 않으려면, 무엇에 가치를 두고 살아야 하는지 삶의 우선순위를 바로 정해야 한다. "이 땅 위의 삶이 전부가 아니야. 이 세상 모든 것은 스쳐 지나가는 불완전한 장식품일 뿐이야. 많은 사람이 중요하게 여기는 목적과 가치가 영원의 관점에서 보면 중요하지 않아."

비현실적 욕구

이 욕구는 뭔가 채워지지 않아 공허한 자아에서 비롯된다. 아무리 먹어도 배부르지 않은 허기 같고 아무리 달래도 울음을 그치지 않는 어린아이 같은 이런 갈망은 물질, 경험, 사람으론 채워지지 않는다. 그토록 입고 싶었던 옷을 사도, 드디어 꿈의 집에 이사를 해도, 환상적인 휴가를 떠나도, 새 애인을 사귀어도 여전히 만족을 느낄 수 없다. 하나를 충족시키기 무섭게 또 다른 새 욕구가 문을 두드리며 만족시켜 달라고 아우성친다.

이 채워지지 않은 공허한 자아는 폭식증, 쇼핑 중독, 약물 중독, 섹스 중독, 알코올 중독 같은 중독 증상의 원인이기도 하다.

식습관 장애를 가진 여자들의 이면에는 자기 모습 그대로 인정받고 싶어 하고 정서적으로 방치돼 절망한 아이가 숨어 있는 경우가 많다. 거식증을 앓는 여자가 갑자기 강렬한 식욕을 보이는 것은 음식으로 채울 수 없는 이 갈망을 상징적으로 드러내는 것이다.[3]

하나님은 그런 장애를 치료하기 원하시고 치료하실 수 있다. 하나님이 우리 영혼의 굶주림을 채우실 때에야 우리는

중독에서 해방된다. 즉 우리 안에 있는 배고픈 아이는 하나님과 화목한 관계를 회복해야 정말 배부를 수 있다. 그러나 이 과정은 보통 하루아침에 일어나진 않는다. 대부분 그 길을 가겠다는 굳은 의지와 인내가 필요한 머나먼 여정이다. 그러나 그 길은 좋은 목적지가 있는 바른길이다(99쪽에서부터 더 자세히 살펴보겠다).

하나님이 우리 안에 두신 현실적 욕구

우리는 비현실적 욕구로 괴로움을 당하기도 하지만 하나님은 우리 안에 이룰 수 있는 현실적 욕구도 주셨다. 우리는 다른 사람과 비교함으로써 아직 개발되지 않은 우리 삶의 영역을 발견해 삶을 더욱 풍성하게 할 수도 있다. 하나님은 우리 삶에 올바른 목적을 주시며 우리가 그 목표를 이룰 수 있도록 우리 재능을 펼치는 것을 도와주신다. 그러므로 하나님께 우리 삶에서 구체적으로 바뀌야 할 부분이 무엇인지 알려 달라고 구하고, 우리 마음에 바른 욕구를 달라고 요청할 수 있다.

비현실적이고 부정적인 욕구에 집착하는 대신 내 삶을 향한 하나님의 뜻을 구하고 그에 따라 살아갈 때, 남과 비교하는 무의미하고 피곤한 삶에서 벗어날 수 있다. 자기 자리를 찾고 하나님이 맡기신 소명을 따라 살 때 비로소 참된 만족을 누릴 수 있다.

그러므로 자신의 욕구와 갈망이 영원한 본향을 향한 영혼의 근원적 그리움인지, 정서적 결핍과 공허를 드러내는 것인지, 아니면 하나님이 원하시는 자아실현을 위한 것인지 주의 깊게 살펴봐야 한다.

재능 펼치기

하나님은 우리 한 사람 한 사람의 삶에 독특한 계획을 갖고 계시기에 각자가 맡아야 할 자리와 해야 할 임무를 정해 주신다. 예수님이 말씀하신 달란트 비유를 통해 그것을 분명히 알 수 있다(마 25:14-30 참고). 우리 재능은 주인이 맡기신 달란트로 볼 수 있다. 우리는 그것을 투자해서 이윤을 남겨야 한다. 흥미로운 것은 이 비유에서 주인이 각 사람에게 나눠 주신 재능(달란트)의 정도가 처음부터 다 다르다는 것이다. 많이 받은 사람도 있고 적게 받은 사람도 있다. 그러나 분명한 것은 한 사람도 예외 없이 재능을 받았다는 것이다. 그리고 중요한 사실은, 많이 받은 사람은 많은 결과를 내야 하고 적게 받았다고 많이 받은 사람을 시기해서 자기 재능을 사용하지 않은 사람은 직무유기죄로 주인에게 책망받는다는 것이다.

이렇게 하나님이 각자에게 알맞은 재능을 나눠 주셨으므로 우리 삶은 그 누구의 삶과 비할 수도 바꿀 수도 없이 특별하다. 받은 재능으로 하나님이 어떤 분이신지 이 땅에서 분명히 드러내는 것이 우리 모두를 향한 하나님의 뜻이다.

하나님은 우리가 연주해야 할 악보를 각 사람의 인생에 그려 놓으셨다. 대부분 그 악보는 아주 어릴 때부터 읽을 수 있다. 너덧 살만 돼도 그의 특별한 소명이 선명히 드러나는 경우가 많다.

늘 그런 것은 아니지만, 우리가 해야 하는 일은 우리가 하고 싶은 일일 경우가 많다. 우리 소명은 주로 우리가 즐기고, 잘하고, 가슴을 뛰게 하는 일과 관련이 깊다.

예수님을 삶의 중심에 모시고 살면 우리 재능은 자연스럽게 펼쳐진다. 가지가 나무에 붙어 있으면 열매가 저절로 맺히듯이, 예수님이 우리 가슴속에 울려 주시는 멜로디에 귀

기울일 때 우리는 그것을 삶으로 아름답게 연주할 수 있다.

하나님이 나를 향해 갖고 계신 독특한 계획을 알아야 그릇된 비교와 열등감에서 벗어날 수 있다. "남들이 실제로 나보다 더 많은 재능을 가졌다 해도 하나님이 내게 주신 것이 내겐 가장 잘 맞아. 나는 다른 사람처럼 될 필요도 없고 그러려고 애써도 안 돼. 나는 남이 대신할 수 없는 내 사명을 내 자리에서 이룰 거야. 그건 이 세상에서 나 말고는 아무도 할 수 없는 일이야."

하나님이 우리 각자에게 나눠 주신 재능은 참으로 다양하다. 뭔가를 만드는 데 능숙한 손, 남의 말에 경청하는 귀, 조리 있고 유창하게 말하는 입, 감동적인 글을 쓰고 감미로운 음악을 만들고 기발한 그림을 그려 내는 것과 같은 예술적 창의성, 잘 알아듣게 가르치는 능력, 여러 사람을 중재하고 이끄는 은사, 가정을 야무지게 꾸려 가는 재능, 아이들을 세심하게 돌보는 능력 등.

그중에는 크게 드러나지 않는 재능도 있지만 그렇다고 그 가치가 떨어지는 건 절대 아니다. 이를테면 다른 사람의 문제를 민감하게 알아차리는 능력이나 작은 것으로 크게 기뻐할 줄 아는 마음, 남을 위한 중보기도 등의 능력은 겉으로는 잘 드러나지 않지만 예수님은 그 무엇보다 귀하게 여기고 높이 평가하시는 재능이다. "너희 가운데서 위대하게 되고자 하는 사람은 누구든지 너희를 섬기는 사람이 되어야 [한다]"(마 20:26).

우리가 이런 재능을 주님과 사람을 섬기는 데 쓸 때 비로소 그 재능은 참된 가치를 얻는다. 그런데 탁월한 웅변, 글솜씨, 연기력, 음악성처럼 겉으로 두드러지는 재능은 우리 자신을 과시하고 높이는 데 잘못 쓰일 위험이 크다. 우리 재능을 자기 영광을 위해 오용하면 삶의 목적을 놓치게 된다. 우리가 가진 재능을 감사히 누리되, 우리 재능의 일차적 목적은 우리를 창조하시고 그 재능을 주신 하나님께 영광 돌리는 것임을 잊지 말아야 한다. 그럴 때 하나님은 우리의 영광을 책임져 주신다. 우리 재능은 언제나 하나님을 가리키는 손가락이 되어야 한다.

하나님을 섬기는 건 재미없다고 생각하는 사람이 많다. 하나님을 섬기려면 하기 싫은 일을 마지못해 억지로 해야 한다고 오해하기 때문이다. 절대 그렇지 않다. 하나님은 그렇게 무자비한 분이 아니시다. 하나님 아버지는 우리 삶을 기쁨으로 채워 주고 싶어 하신다. 우리 재능을 마음껏 펼쳐서 하나님을 기쁘시게 할 때 하나님이 우리 안에서 우리를 통해 일하시는 것을 경험할 수 있다. 그때 우리는 하나님을 섬기는 행복으로 충만해져서 참된 만족과 기쁨을 맛보게 된다.

선천적 재능과 더불어 하나님은 그것을 보충하고 완성하는 영적 재능도 우리에게 주신다.[4] 그것은 바로 갈라디아서 5장 22-23절에서 말하는 성령의 열매, 즉 사랑, 기쁨, 화평, 인내, 친절, 선함, 신실, 온유, 절제의 은사다.

하나님이 우리에게 소명을 주실 땐 그것을 이루는 데 필요한 능력도 함께 주신다.

다음은 유능한 소그룹 인도자로 인정받는 어느 여성의 이야기다. "나는 예전에 세 명 이상 모인 자리에서 이야기해야 하는 상황이 되면 진땀을 흘렸어요. 그런 일을 앞둔 전날 밤이면 잠을 이루지 못하고 식욕까지 잃었죠. 무릎이 떨려서 그 일을 도저히 감당할 수 없었어요. 그러던 어느 날 여전도회 모임에서 소그룹을 이끌어 줄 수 없겠느냐는 부탁을 받았어요. 즉시 거절하고 싶었지만 그 부탁의 말에서 하나님의 부르심을 느꼈어요. 그래서 용기를 내어 승낙했습니다. 하나님이 원하신다면 순종하겠다는 마음으로 그 일에 나를 드리자 조금씩 예전의 증상들이 사라졌어요. 나도 몰

랐던 내 안의 숨은 재능을 발견해서 이젠 오히려 그런 만남이 기다려질 정도예요. 내 재능을 마음껏 펼칠 제자리를 찾았다는 기쁨을 느낀답니다!"

하나님이 때로 우리를 전혀 뜻밖의 새로운 사명으로 부르실 때 마음의 문을 곧장 닫아 버리지 말고 한번 시도해 보는 게 중요하다. 하나님이 소명을 주실 땐 감당할 능력도 같이 주시기 때문이다.

우리를 창조하고 사랑하시는 분의 뜻을 따라 그분을 섬기는 데 우리 재능을 쏟을 때 우리는 불필요한 열등감에서 벗어난다. 하나님이 우리를 중요하고 가치 있게 여기시고 늘 그것을 말씀해 주시므로, 더는 우리 삶을 남의 삶과 비교할 필요를 느끼지 못하는 것이다.

자존감과 자신감 다시 찾기

많은 사람이 낮은 자존감과 자신감 부족으로 괴로워한다. 이는 몸가짐, 옷차림, 표정 등에서 드러난다.

그러나 하나님은 절대 우리가 열등감을 갖고 살기를 원치 않으신다. 하나님은 누구도 열등하게 만들지 않으셨기 때문이다. 그분은 우리 각 사람에게 고유한 가치와 존엄성을 주셨고, 우리가 각자 삶으로 하나님의 사랑을 나타내도록 창조하셨다.

우리를 무한히 사랑하시는 하나님은 우리에게 가장 좋은 것을 주기 원하신다. 그 사랑은 우리가 어떤 상황에 처해도 변함없다. "나는 확신합니다. 죽음도, 삶도, 천사들도, 권세자들도, 현재 일도, 장래 일도, 능력도, 높음도, 깊음도, 그 밖에 어떤 피조물도, 우리를 우리 주 예수 그리스도 안에 있는 하나님의 사랑에서 끊을 수 없습니다"(롬 8:38-39).

이 말씀을 온 마음으로 인정할 때 우리의 자아상이 건강해지고 삶이 온전해진다. 하나님이 우리에게 선하시므로 우리도 자신을 선대해야 하고, 하나님이 우리를 인정하고 긍정하시므로 우리도 자기를 인정하고 긍정해야 한다. 하나님이 우리를 귀하게 여기시니 자기를 남과 비교하며 비하해선 안 된다. 다른 사람들은, 심지어 부모나 배우자, 자녀도 우리를 그들의 잣대로 보잘것없다고 평가할 수 있다. 하지만 하나님이 우리를 존귀하게 여기신다면 과연 누구의 판단이 옳을까? 어떤 평가를 믿고 따라야겠는가?

다음은 어떤 부인의 이야기다. "나는 어릴 때 늘 구박받았어요. 엄마는 자주 이렇게 말씀하셨죠. '너를 낙태시키지 않고 살려 둔 것만으로도 감사해야 해!' 그래서 나는 늘 내가 잘못 태어났고 살 가치가 없는 존재라고 느꼈어요. 그러다가 어떤 그리스도인을 만나 성경을 읽게 됐고, 하나님은 나를 매우 소중히 여기신다는 사실을 알았어요. '하나님은 나를 원하셨기 때문에 만드셨다! 하나님께 나는 소중한 존재다!' 그 사실을 알고 나자 마음 깊은 곳에서 기쁨이 샘솟았어요. 그때부터 난 엄마가 아무리 심한 말을 해도 예전과 다르게 반응할 수 있었죠. 엄마의 선언보다 하나님의 선포가 옳으니까요. 이제 나는 확신해요. 내 삶은 귀하다는 것을!"

건강한 자아상을 가지면 남이 내게 뭐라 하든 상관없이 하나님이 내게 내리시는 평가에만 신경 쓴다. 이런 확신이 있으면 따돌림이나 중상모략을 당해도 평안을 누린다. 하나님은 우리에게 말씀하신다. "나는 너를 있는 모습 그대로 받아들인다. 나는 너를 무시하지 않고 존중한다. 나는 너를 비난하지 않고 사랑한다."

예수님은 그것을 행동으로 몸소 보여 주셨다. 창녀와 나병환자도 왕이나 세력가와 차별 없이 존귀하게 대해 주셨다.[5]

우리를 죄책감에서 자유롭게 하시는 하나님의 사랑

죄책감은 열등감과 이어져 있다. 자존감이 낮은 사람은 잘못을 저지르면 자기를 비하하는 동시에 죄책감에 휩싸인다.

죄책감에 시달리면 자기 자신과 지난 잘못에만 필요 이상으로 몰두한다. 따라서 죄책감은 우리를 낙담시켜 부정적인 자아상을 굳힌다. "나는 살 가치가 없어." 이런 생각을 심어 준다.

그러나 하나님의 복음은 이렇게 선포한다. "내 사랑은 네가 죄를 지었을 때도 유효하다. 나는 너를 용서할 준비가 돼 있다." 그러므로 우리는 죄를 지었더라도 하나님께 용서를 구하고 새로 시작할 수 있다. 이것이야말로 기쁜 소식 중의 기쁜 소식이다!

"넘어지는 것은 인간적이고, 넘어진 채 머물러 있는 것은 마귀적이며, 다시 일으키는 것은 그리스도적이다." 하나님은 우리가 실수하고 넘어져도 우리를 사랑하신다. 하나님은 우리를 거룩하게 변화시키기 원하시지만, 그 사랑은 우리가 하나님이 원하시는 모습이 되기 이전부터 이미 우리를 향해 있었다.

그러므로 하나님의 뜻은 우리가 죄를 고백하고 용서를 구하는 것이다. 다른 사람에게 상처를 주었으면 그들에게도 사과하는 것이 바른 태도다. 자기연민에 빠져 패배 의식으로 주저앉아 있지 말고 다시 눈을 들어 미래를 바라봐야 한다. 하나님이 우리를 사랑하시고 용서해 주시니 우리도 자신을 용서하고 새롭게 시작해야 한다.[6]

이런 그림을 상상해 보면 도움이 될 것이다. 하나님은 우리를 안아 주시려고 두 팔을 활짝 벌리고 이렇게 외치신다.

"내게 오너라. 내게 와서 짐을 다 내려놓아라. 너의 좌절, 질투, 분노, 너를 짓누르는 모든 것을, 이루지 못한 목표를 다 내게 와서 내려놓아라. 그리고 내 품에 안겨 실컷 울고 다시 웃어라!"

불쌍히 여기는 법 배우기

우리를 불쌍히 여기시는 하나님의 긍휼을 경험하면 자신과 남을 불쌍히 여길 줄 안다. 자신과 다른 사람의 불완전함을 너그럽게 받아들이고 지나치게 높은 기대를 내려놓을 수 있다. 그럴 때 비로소 자신과 이웃과 더불어 자유롭고 편안하게 살 수 있다. 자기 한계를 인정할 수 있고, 불완전한 삶도 나눌 수 있으며, 자기 삶의 빛뿐 아니라 그림자까지 삶 전체를 투명하게 열어 보일 수 있다.

이용당할 때 "아니야"라고 말하는 법 배우기

하나님의 사랑 안에서 자기 가치를 발견하면 외부의 압력에서 자신을 지킬 수 있다. 자존감이 낮으면 남들의 평가에 집착한다. 사람에게 인정받으려고 모든 요구에 "예"라고 답하기 쉽다. 그러면 부당하게 이용당할 수 있다. 자존감과 자신감의 근거를 오직 타인과의 관계에서만 찾기 때문이다.[7] 그러나 자기 존엄성과 가치를 하나님 안에서 발견하면 나와 타인 사이의 경계를 구분할 용기가 생긴다. 그러면 필요한 경우엔 자신 있게 "아니"라고도 말할 수 있다. 남들의 요구를 다 들어주지 않아도 자기가 여전히 가치 있음을 알기 때문이다. 자신의 가치는 타인에게 복종해서 그들의 마음에 드느냐 마느냐에 달린 게 아니라, 하나님과 사랑을 주고받는 관계 안에 있음을 알기 때문이다.

자기 신체 긍정하기

자신을 긍정하는 것과 자기 몸을 받아들이는 것은 밀접한 연관이 있다.[8] 지금의 우리 몸도 하나님이 원하셔서 만드신 것이다. 그러므로 신체 조건도 감사하게 받아들이는 법을 배워야 한다.

자기 몸을 긍정적으로 받아들여야 자존감이 건강해진다. 자기 몸에 동의하지 않으면 주로 다음의 두 가지 반응을 보인다.

첫째, 더 나은 몸을 만들려고 자기가 바꿀 수 있는 부분은 시도한다. 이를테면 머리 모양을 바꾸고, 규칙적으로 운동하며, 건강한 식습관을 유지하려고 애쓴다.

이는 바람직한 반응이지만, 이렇게 노력할 때 비현실적인 기준을 따라서는 안 된다. 우리가 잡지에 나오는 모델처럼 될 필요는 없다. 많은 여성이 선망하는 모델 중 상당수는 거식증 같은 심각한 식습관 장애에 시달린다. 또한 우리가 감탄하며 바라보는 진열장 안의 마네킹은 사실 몸매 비율이 비정상에 가깝다.[9] 그런데도 많은 여자들이 몸무게와 키의 정상 비율을 오해해서 끊임없이 그런 몸과 자신을 비교한다. 그래서 약간만 통통해도 자기 몸매를 싫어하고 건강을 해칠 만큼 심한 다이어트를 한다. 그러나 적절한 식사를 한다면 대부분 여성의 몸은 둥근 곡선을 이루도록 약간 살이 붙는 게 정상이다. 하나님이 그렇게 만드셨다. 특히 여성 호르몬 에스트로겐은 지방 조직 속에 저장되는데, 갱년기에 이 호르몬이 너무 적으면 뼈가 약해진다.

수많은 광고가 쉴 새 없이 제공하는 다이어트 방법들은 뺀 살을 유지하는 방법에 대해서는 어떤 약속도 하지 않는다. 그러니 거짓 약속에 현혹되지 말아야 한다.

그런데 우리 몸에서 우리가 바꿀 수 있는 부분이 전혀 없다면 어떻게 해야 좋을까? 이미 수많은 다이어트를 시도해

봤지만 별 효과를 못 봤다면? 그렇다면 가장 좋은 것은 있는 그대로 자기 몸을 받아들이는 것이다. 하나님이 우리를 만드실 때 이런 체격과 체질과 외모를 고안해서 주신 것이다. 그것에 대해 감사하기로 결심할 때 비로소 우리 얼굴은 밝게 빛나고 한결 아름다워질 것이다. 누가 정말 아름다운가? 티없는 피부와 날씬한 몸매를 가진 사람이 아니라 평안과 감사의 빛을 발하는 사람이다. 진짜 아름다움은 정말 내면에서 나온다. 그것은 "나는 좋아"라는 기본 태도에서 비롯된다.

사랑을 위한 장점 계발하기

하나님은 우리를 사랑하고 인정하며 격려하신다. 그러니 하나님이 우리를 대하시듯 자신과 다른 사람을 대해야 한다.

우리가 불완전해도 하나님께 사랑받는다면 다른 사람도 마찬가지다! 이때의 기본 태도는 "나는 좋아, 너도 좋아"이다.

이런 태도가 불평과 비판을 그치게 하는 최고의 묘약이다. 자신이 사랑받는다는 것을 알면 남에게도 그 사랑을 전할 수 있다. 자신의 불완전함에 대해 느긋할 수 있어야 불완전하고 미성숙한 다른 사람도 사랑할 수 있다. 자존감이 건강해야 타인과 평화로운 사랑의 관계를 맺을 수 있다.

자신과 남에게 완전함을 기대하면 반드시 실망할 수밖에 없다. 누군가의 실수에 시선을 고정하면 마음에서 독기가 발산되어 관계를 질식시킨다.

우리는 흔히 비교하고 불평하고 비판함으로써 상대를 변화시키려 하지만 결과는 정반대로 나타난다. 사람을 가장 효과적으로 변화시키는 방법은 하나뿐이다. 있는 모습 그대로 받아들이고, 실망스런 실수와 약점에도 무조건 사랑하는 것이다.

내가 변해야 할까?

친구들은 몇 년 전부터 내게 말했다. 내가 변해야 한다고. 아내도 고개를 끄덕였다. 만나는 사람마다 내가 변해야 한다고 외쳤다. 나도 동의했다. 그래서 나를 바꿔 보려 했다. 하지만 아무리 노력해도 되지 않았다. 그러던 어느 날 아내가 이렇게 말했다. "변할 필요 없어요! 그냥 그대로 있어요. 당신이 변하고 안 변하고는 중요한 게 아니에요. 나는 당신의 지금 모습 그대로를 사랑해요. 그걸로 충분해요." 그 말은 내 귀에 감미로운 음악 같았다. '변하지 않아도 돼! 그래도 너를 사랑해!' 그 말에 나는 긴장이 풀렸고 생기를 되찾았다. 그리고 기적이 일어났고 나는 변했다! 이제 나는 안다. 내가 변하든 변치 않든 나를 사랑하는 누군가가 있을 때에야 진정 나는 변할 수 있다는 것을.

-앤서니 드 멜로 A. de Mello

참사랑은 행위를 바라보지 않고 온갖 죄와 실수 뒤에 있는 '하나님께 사랑받는 사람'을 본다. 그럴 때 불평과 비난은 그치고, 사람은 변화되고 개선된다.

내 삶 관찰하기

비교의 덫에서 벗어나려는 지금까지의 모든 노력에도 여전히 그 덫 안에 갇혀 있다면, 한 단계 더 깊이 내려가서 자기 삶이 형성된 과정을 살펴볼 필요가 있다. 이미 어른이 된 지 오래여도 어린 시절의 습관이 자꾸 튀어나와 다 큰 우리를 좌우할 수 있기 때문이다.

질투와 경쟁을 다루는 법은 어릴 때 배운다. 형제자매와 함께 자라는 것은 사회성을 익히는 좋은 기회다. 그 속에서 안정감을 느끼고 서로의 공통점과 차이점도 알아 간다.[10]

또 한편 형제자매 관계는 질투를 경험하고 그것을 다루는 법을 배우는 일차적 장소이기도 하다. 그래서 어린 시절의 형제자매 경험은 어른이 되어서도 쉽게 벗어날 수 없는 강렬한 흔적을 남기기도 한다. 형제자매끼리 경쟁하고 다퉜던 방식이 어른이 되어서도 타인과의 관계에서 반복된다. 어릴 때 형제자매와 어떤 경험을 했느냐에 따라 어른이 된 우리 삶이 풍성해질 수도 있고 억압될 수도 있다.

특히 부모가 자녀 중 하나를 편애해서 형제자매 간에 동등하고 열린 관계를 맺을 수 없었을 때 문제가 된다. 또는 형제자매 중 한 사람에게 평생 의무 관계로 지나치게 매인 경우에도, 어른이 되어 타인과의 관계에서 자기 정체성을 잃지 않으려고 거리를 두게 된다.

따라서 질투 뒤에는 부모에게 충분히 사랑받지 못할까 염려하는 두려움이 숨겨진 경우가 많다. 그리고 그것은 형제자매 서열에 상관없이 누구나 겪을 수 있는 경험이다.

맏이는 동생이 태어나면 '권좌에서 폐위되는' 고통을 맛본다. 부모의 사랑과 시간을 다른 아이에게 뺏기는 고통이

다. "엄마아빠는 이제 나를 사랑하지 않아. 그렇지 않다면 다른 아이가 또 왜 필요하겠어. 나는 거부당하고 버림받은 거야."[11]

둘째는 맏이를 이길 수 없다는 피해 의식을 갖는 경우가 많다.

셋째 이하의 아이는 부모에게 나이 많은 형제자매처럼 사랑과 관심을 받지 못하고 공동체 안에서 똑같은 비중을 차지하지 못한다는 소외감을 갖기 쉽다.

따라서 질투는 두려움과 관련이 깊다. 자기 존재를 인정받지 못하고 사랑받지 못하면 어쩌나 하는 두려움이다. 요약하자면 마음껏 자기 자신이 될 수 없는 상황에 처할 때 질투로 반응하는 성향이 주로 싹튼다.[12]

그러므로 질투를 직접 정면으로 다루기보다는 그 뒤에 숨은 두려움을 드러내 치료하는 편이 유익하다.[13]

질투로 생기는 생각들

- 차별대우 받는다
- 내가 손해 본다

- 내 모습 이대로는 사랑받지 못한다

그 결과 나타나는 증상들

- 자신감 결여
- 낮은 자존감과 자기 가치 깎아내리기
- 자신을 있는 그대로 받아들이지 못함

이처럼 어린 시절의 경험을 잘 살펴보면 비교하고 질투하는 현재의 태도를 보다 잘 이해할 수 있다.

어린 시절의 경험은 삶을 형성하는 중요한 부분으로 인생에서 결코 지울 수 없다. 그러나 새로운 경험으로 감정을 긍정적으로 바꿔서 삶을 보완해 갈 수도 있다. 현재의 경험을 과거의 기억에서 분리하는 법을 새로 배우고, 어린 시절에 억압되었을지도 모르는 욕구를 찾아서 채워 줄 수 있다. 어릴 때 충족되지 못해 상처가 된 부분을 지금 우리에게 호의적인 사람들과 더불어 교정하고 만회할 수 있다는 것은 기쁜 소식이다.[14]

그러면 자녀를 어떻게 키워야 할까

자녀 사이의 경쟁은 긍정적인 면도 있다. 아이들은 형제자매 간의 경쟁을 통해 서로 있는 모습 그대로 인정하고 협력하는 법을 배운다.

경쟁이라는 영어 단어 rival는 라틴어 단어 rivalis에서 파생되었는데, '같은 강가에 사는 사람들'이란 뜻이다. 같은 강가, 즉 같은 생활 영역에서 함께 사는 사람들은 서로 경계를 지어 나뉘기도 하지만 서로 협력도 해야 한다. 그러므로 이들은 삶에 긍정적 요소가 될 수도 있다.

따라서 형제자매와 경쟁하면서 얻는 사회적 학습 효과는 매우 긍정적이기도 하다. 이를 통해 아이들은 승리하는 법뿐 아니라 타협하고 협력하는 법을 배운다. 서로 맞서기보다 함께 어울리며 더 재미있게 사는 법을 배우고, 너와 내가 동시에 하는 대신 너 다음에 내가 하는 '차례차례의 규칙'도 배운다.

이렇게 아이들이 형제자매 관계를 잘 맺으면 자존감이 더 건강해지고, 파괴적으로 싸우는 횟수도 줄어든다. 부모가 자녀를 부정적으로 비교하거나 대립시키지 않아야 형제자매끼리 덜 싸우고, 서로의 차이점을 긍정적으로 받아들여

파괴적인 질투의 덫 속으로 빠져들지 않는다.[15]

성경에 나오는 요셉과 형제들 이야기는 파괴적 질투의 대표적 예다. 아버지가 한 아들에게만 지나치게 사랑을 쏟아부었기에 형제의 질투가 도를 넘어 파괴적 형태로 자라났다. 부모가 자녀를 각기 다른 모습 그대로 받아들여야 아이들도 서로 그렇게 대할 수 있다.

부모가 싸우는 모습을 자녀에게 자주 보이는 것도 부정적 경쟁을 부추긴다. 자녀는 부모가 서로 의사소통하는 방식을 그대로 따르기 때문이다.[16] 부모가 싸우는 모습대로 아이들도 서로 싸우며, 이는 어른이 되어서도 타인과의 관계에서 되풀이될 때가 많다. 야곱과 에서, 그 부모인 이삭과 리브가의 이야기는 그에 대한 성경의 대표적 예다.

한계 받아들이기

비교를 통해 남들이 실제로 자기보다 더 나은 점이 있음을 확인할 수도 있다. 다른 사람이 나보다 더 건강하고, 생활조건이 좋으며, 특출한 재능을 가질 수도 있다. 그런데 자신은 오랜 병으로 삶의 의욕을 잃었거나, 결혼하기를 간절히 바라지만 여전히 혼자이거나, 별다른 재능이 없어서 의기소침할 수도 있다.

그럴 때 남의 장점만 뚫어지게 처다보며 자기의 단점과 비교하면, 불만이 생겨서 비참해지고 피해 의식과 무기력감에 사로잡혀 결국 자기 삶을 놓치게 된다.

그러니 끊임없이 자기 한계를 붙들고 싸우기보다는 주어진 한계 안에서 이미 가진 장점을 키워 가는 편이 훨씬 지혜롭다. 누구에게나 받아들여야 하는 한계와 닫힌 문은 있기 마련이다. 하나님은 우리를 그런 약점이 있는 채로 사랑하고 인정하며 사용하신다.

다음은 어떤 부인의 이야기다. "나는 교인들이나 동네 사람들과 늘 서먹했어요. 언제나 외톨이로 소외당하는 느낌이 들었습니다. 그래서 교회 밖에서 내가 할 수 있는 일을 열심히 찾았고, 이사 가서 모든 걸 새로 시작하는게 좋겠다고 결정했어요. 하지만 밖으로 향하는 문이 다 닫혀 버렸어요. 어느 날 나는 하나님께 이렇게 말했죠. '하나님, 이제 제 상황을 받아들이고 교회와 이웃에게 마음을 열겠습니다.' 그러자 차츰 교회와 이웃 안에서 새로운 문들이 열리기 시작했어요. 서먹했던 사람들과 우정을 쌓을 기회가 생기고, 오랜 오해도 풀리고, 상처가 치료되기 시작했습니다. 이젠 내가 떠나려 했던 곳에서 마음의 안정을 찾았어요."

이처럼 한계의 벽 안에는 우리가 그냥 지나쳤던 열린 문들이 많이 있다! 그리고 우리가 갖고 싶지만 가질 수 없는 것, 이루지 못한 목표, 채워지지 않은 소망에 대해 의식적으로 슬퍼하는 것, 즉 슬픔의 과정을 거치는 것도 마음을 치료하는 데 효과가 있다. 슬퍼한다는 것은 고통을 인정한다는 뜻이다. 그러나 이때 자기연민에 빠져선 안 된다. 자기 고통을 하나님께 내어놓고 맡겨야 한다. 풀리지 않는 문제와 이루지 못한 소원에 대한 슬픔은 하나님 안에서만 위로받을 수 있기 때문이다.

슬퍼한다는 것은 상실한 아픔을 억압하는 대신 그것에 의식적으로 직면하는 태도다. 그 과정을 거치면 편안한 마음으로 아픔을 받아들일 수 있다. 그렇게 자기 한계를 인정하면 오히려 다른 영역을 넓힐 여유와 힘이 생긴다.[17] 그러면 자신에 대한 주위 사람의 비현실적이고 이기적인 기대에도 한계를 정해 맞설 용기가 난다. "내 삶은 이런 모습이지, 남들이 원하는 그런 모습이 아니야. 나는 내 삶을 받아들이겠어. 내가 다른 사람의 기대를 다 만족시킬 수도 없고, 만족시킬 필요도 없어."

하나님은 바로 이런 약한 자에게 강한 힘을 주겠다고 약속하셨다. "내 능력은 약한 데서 완전하게 된다"(고후 12:9). 그러니 우리는 한계 안에서도 자존감을 얻을 수 있다. 자기 한계를 받아들이면 비로소 새로이 펼쳐 갈 가능성의 문이 활짝 열리게 될 것이다.

타인의 행동에 반응하는 삶이 아니라 내가 행동하는 삶을 살 때[18] 주위 상황이나 사람들에게 잘못 얽매이지 않는다. 우리에게 일어나는 불행한 사건 자체보다 그것에 대한 우리의 불평, 원망, 열등감, 죄책감 등 잘못된 반응이 상처를 주는 경우가 훨씬 많다.

하나님은 우리가 장점과 재능뿐 아니라 약점과 한계까지 모두 감사하며 우리에게 주어진 삶을 긍정적으로 살아가기를 바라신다. 그리고 지금까지 잘못된 방향으로 걸어왔다면 새로운 길을 가도록 하나님의 무한한 능력으로 도와주고 싶어 하신다.

지금 힘든 시기를 지나고 있다면 어떻게 할까? 고통스러운 시간도 삶의 일부다. 누구에게나 저마다 힘든 시간, 때론

죽을 만큼 힘든 시기가 있다. 이는 누구도 비껴갈 수 없는 인생의 과정이다. 그런 위기 속에 있을 때 긍정적으로 반응하기 힘들지만 도스토옙스키는 이렇게 권고한다. "당신의 운명을 사랑하라. 그것은 하나님이 당신의 영혼을 다루시는 방법이기 때문이다."

고통의 시간은 우리 영혼의 숙성기이므로 하나님은 고통이 우리를 비껴가게 하지 않으시고 우리가 고통을 뚫고 가게 하신다. 그러는 동안 우리는 위로 쑥 자라고 밑으로 깊이 뿌리 내린다. 그 시간은 삶에서 정말 중요한 것과 그렇지 않은 것을 분별하게 한다. 그리고 잘못된 방향에서 돌이켜 바른 방향으로 접어들게 한다.

하나님은 우리가 영원을 바라보는 넓은 시야를 가지도록 이끄신다. 하나님은 우리에게 정말 필요한 것이 무엇인지 아시고, 가장 좋은 것을 주고 싶어 하시며, 우리 삶의 지경을 최대한으로 넓혀 주길 원하신다. 다른 사람에게 고정된 우리의 질투 어린 시선을 하나님께로 돌려서 자기 삶에 만족하고 감사하기를 원하신다. 그래서 우리 삶의 독특함과 유일무이함을 기뻐하면서 하나님이 그 속에 숨겨 두신 보물을 하나하나 찾아내길 원하신다.

이야기 하나

어느 부인이 매일 아침 자기 집 앞에 서서 계곡 건너편을 바라보았다. 그곳엔 찬란한 금빛 창문이 있는 집이 한 채 있었다. 그녀는 날마다 그 집을 갈망 어린 시선으로 바라보다가 드디어 결심했다. 저 금빛 창문이 있는 집에 가서 살기로.

그래서 자기가 살던 집을 떠나 맞은편 집을 향해 길을 떠났다. 온종일 걸어 마침내 그토록 바라던 집에 다다랐다. 그녀는 황홀한 시선으로 새집을 바라보았다. 그런데 이게 웬일인가! 금빛으로 눈부시게 빛나던 창문은 옛날 집 창문과 다를 바 없이 아주 평범했다. 집 자체도 전에 살던 집과 별로 다르지 않았다. 오히려 가까이서 보니 여기저기 낡아서 초라하기까지 했다. 기화요초가 만발했을 거라 여겼던 정원엔 잡초가 무성했다.

당황한 그녀는 고개를 들어 주위를 둘러보다가 계곡 맞은편에 시선이 멎었다. 거기엔 금빛 창문이 빛나는 집이 한 채 서 있었다! 그녀가 예전에 살던 집이 석양에 찬란히 빛나고 있었다.

비교의
대상이 되는

덫

Chapter 4

비교는 사실 어느 개인의 문제가 아니라 거의 모든 사람의 문제다. 그래서 자신이 비교의 대상이 되기도 한다. 사람들에게 자신이 슈퍼맨이나 슈퍼우먼으로 과대평가되고 이상적으로 묘사되어 존경과 감탄의 대상이 되거나, 질투로 미움을 받아 따돌림이나 중상모략을 당할 수도 있다.

이런 때도 2장에서 언급한 네 가지 기본 태도가 분명히 드러난다.

우리에 대한 타인의 부정적 태도

남이 우리를 비난하는 것은 다음 두 가지 태도 중 하나에서 비롯된다.

- 나는 좋아, 너는 나빠 → "내가 너보다 더 낫기 때문에 너를 비난하는 거야."
- 나는 나빠, 너도 나빠 → "나는 행복하지 않아. 그러니 너도 행복, 성공, 인정을 못 누리게 할 거야."

상대가 이런 태도를 보이면 자신을 조롱거리로 만들거나

자신에게 해코지를 할까 봐 두려워서 자존감이 흔들리기도 한다. "어쩌면 남들이 주장하는 것처럼 내가 정말 나쁜 건지도 몰라." 아니면 그들에게 똑같이 미움과 비방으로 되갚을 수도 있다. 그러면 다음의 잘못된 태도를 갖게 된다.

- "(다른 사람의 눈에 비친) 나는 나빠, 그래서 너도 나빠."
- "나는 좋아, 하지만 너는 나빠."

두 경우 모두 상대의 행동과 그들의 본질적 가치를 구분하지 않고 상대의 인격 자체를 깎아내리는 것이므로 문제 해결에 전혀 도움이 안 된다.

답은 '그럼에도 불구하고' 축복하기

상대의 질투로 비방, 험담, 따돌림을 겪을 때 건강한 자아상으로 맞설 수 있다. 가장 바람직한 태도는 "나는 좋아, 너도 좋아"이다.

우선 나를 헐뜯는 사람과 단호하지만 부드럽게 대화를 시도해 봐야 한다. 그게 불가능하다면 '일방적으로' 그를 위해 기도하며 축복해 버리면 된다. 누가복음 6장 27-28절은 이렇게 말한다. "너희의 원수를 사랑하여라. 너희를 미워하는 사람들에게 잘해 주고 너희를 저주하는 사람들을 축복하고 너희를 모욕하는 사람들을 위하여 기도하여라."

기도로 그를 하나님 손에 넘겨 드리고 심판을 하나님께 부탁하는 것이다. 이들도 우리처럼 마지막 날엔 하나님의 보좌 앞에서 모든 무익한 말과 사랑 없는 행위에 대해 책임져야 할 것이다. "그러므로 우리는 각각 자기 일을 하나님께 사실대로 아뢰어야 할 것입니다. 그러므로 이제부터는 서로 남을 심판하지 마십시다. 형제자매 앞에 장애물이나 걸림돌을 놓지 않겠다고 결심하십시오"(롬 14:12-13).

이런 불편한 관계를 긍정적으로 변화시키는 지름길은 '피해자'가 '가해자'에게 의도적으로 선을 행하는 것이다. 로마서는 이렇게 말한다. "네 원수가 굶주리거든 먹을 것을 주고 목말라하거든 마실 것을 주어라. 그러면 네 원수는 머리에 숯불을 놓은 것같이 부끄러워 견딜 수 없을 것이다"(롬 12:20-21). 매우 재미있게 표현된 이 말씀의 뜻은, 우리에게 악을 행하는 사람을 선대하면 그들의 악한 태도가 우리의 선한 행동에 대조되어 그들의 "머리 위에 놓인 숯불"처럼 너무 뜨거워져서 악한 일을 계속할 수 없거나, 아니면 결국 그들이 그 악한 행동에 화상을 입듯 해를 입게 될 거라는 말이다.

1장에서 소개한 성경의 인물들은 우리를 미워하고 비난하는 사람을 가장 '효과적으로' 대하는 방법이 무엇인지 잘 보여 준다.

한나는 기도했다. 다윗은 복수하지 않았다. 모세는 겸손히 머물렀다. 요셉도 침착하고 관대하게 대처했다. 이들은 모두 하나님께 받은 자기 재능과 사명을 분명히 알았다. 또한 자존감이 건강했기에, 남이 뭐라 하든 개의치 않고 묵묵히 자기 길을 갈 수 있었다.

비판력 유지하기

비판 속에 진짜 핵심이 숨은 경우도 있다. 누군가 우리에게 부정적 반응을 보인다면 혹시 나도 모르게 상처 준 일은 없는지, 비난의 빌미를 제공한 적은 없는지, 태도나 어투, 행동에서 바꿔야 할 것은 없는지 찬찬히 살펴볼 필요가 있다.

특히 공적인 영향력이 있는 사람은 다음의 질문을 늘 던지며 스스로를 점검해야 한다.

- 내가 감탄의 대상이 되도록 스스로 연출하지는 않는가?

심리학에서는 그런 태도를 자기도취, 또는 자기도취적 인격 장애라고 부른다. "나는 남들의 칭찬이라는 거울로 나를 바라보고 싶어. 다른 사람에게 갈채와 찬미를 받을 때야말로 내가 가치 있다고 느끼니까." 자기 가치를 확인하기 위해 대중을 필요로 하는 심리 뒤에는 대부분 사랑과 인정에 목마른 자아가 숨어 있다.

- 자신의 약한 자존감을 덮는 도구로 성과나 일을 사용하지는 않는가?

일로 자기 가치를 증명하고 싶은 욕구는 흔히 완벽주의로 나타난다.

성숙한 사람일수록 이런 질문들을 자기에게 과감히 던지고 자신에 대한 비판력을 유지한다. 이렇게 자기 행동의 동기를 늘 하나님 앞에서 점검하고 믿을 만한 사람들에게 조언을 구할 때, 자기 안의 불순물을 제거하고 더욱 성숙해질 수 있다. 그럴수록 사역과 헌신의 질은 향상된다.

이때의 태도는 "나도 좋고, 너도 좋아"이다. "너는 내게 비판적인 의견을 말해도 돼. 그래도 하나님이 내게 주신 가치는 변하지 않으니까."

실제로 우리 태도에 문제가 있어서 타인이 우리에게 부정적 태도를 보인다면, 그것은 하나님이 우리를 개선하시는 좋은 도구가 된다.

그러나 나를 향한 비난의 원인이 명백히 타인에게 있다면, 그것은 그들이 질투심을 불러일으키는 모든 것을 무조건 적대시하기 때문이다. 이런 차이점을 구분해야 우리에 대한 타인의 부정적 반응에 바르게 대처할 수 있다.

우리에 대한 타인의 긍정적 태도

남들이 우리에게 감탄하고 칭찬하는 긍정적 반응을 보일 수 있다. "나도 좋고, 너도 좋아"라는 태도로 남과 자기를 비교할 땐 오히려 다른 사람을 마음껏 칭찬하고 인정할 수 있다. 이런 태도야말로 칭찬받는 사람이 재능을 더욱 활짝 펼치도록 격려하므로 아름답고 바람직하다.

이렇게 긍정적인 비평으로 서로 격려할 때, 남의 재능을 시기하고 질투하는 대신 서로 보완하고 후원하는 태도가 우리 모두의 삶을 얼마나 풍요롭게 하는지 경험하게 된다.

그러나 남이 칭찬의 차원을 넘어 나를 환호하고 심지어 숭배한다면, 상대가 "나는 나빠, 너는 좋아"라는 태도를 갖고 있기 때문일 수도 있다. "너는 나보다 나아. 네 곁에 있으면 나는 한없이 작게 느껴져."

이런 태도는 부러움의 대상이 되는 사람에게 죄책감과 불안을 불러일으켜 흔히 자기를 비하하게 한다. "나는 네가 생각하는 것만큼 실제론 그리 대단하지 않아." 또는 상대에게 더는 질투나 열등감을 심어 주지 않으려고 매사에 너무 조심스러워하다 움츠러들 수도 있다. 심지어 상대에게 문제가 있을 때조차 자신이 그를 기분 나쁘게 했을지도 모르니 어떻게든 다시 비위를 맞춰야 한다고 생각하기도 한다.

최악의 경우는 자기 사명을 계속 감당해 나갈 용기를 잃고 뒤로 물러나서, 예수님이 말씀하신 비유와는 정반대로 자기 빛을 그릇으로 덮어 꺼버리는 것이다. 이처럼 질투는 상대가 기쁘게 재능을 펼치는 삶에 찬물을 끼얹어 창의력을 파괴할 수 있다.

자기 재능을 인정하고 감사하기

예수님은 이렇게 말씀하셨다. "등불을 켜서 그릇으로 덮어 둘 사람은 아무도 없다. 오히려 그것을 등잔대 위에 올려놓아 집 안에 있는 모든 사람에게 비치게 하지 않겠느냐? 이와 같이 너희 빛을 사람들 앞에 비추게 하라. 그래서 사람들이 너희 착한 행실을 보고 하늘에 계신 너희 아버지를 찬양하게 하라"(마 5:15-16, 현대인의성경). 그러므로 우리는 각자의 재능으로 사명을 다하는 삶을 살아야 한다. 자기를 드러

내기 위해서가 아니라 하나님의 영광을 드러내기 위해서!

질투는 질투의 대상이 특별함을 드러낸다.[1] 하나님 앞에서 자기 삶을 마음껏 펼치는 사람은 언제나 비교와 질투의 대상이 될 수 있다. 그렇다고 해서 특별한 재능을 숨기거나 덮어 두어선 안 된다. 그것이 드러나야 하늘에 계신 아버지께 영광을 돌릴 수 있기 때문이다.

우리 재능은 우리가 영광을 누리고 출세하기 위한 것이 아니라, 하나님이 어떤 분이시며 이 세상에 무슨 뜻을 갖고 계신지를 세상에 나타내는 도구여야 한다. 그럴 때 우리를 비난하고 질투하는 사람이 있어도 기쁘게 사명을 감당하며 살 수 있다.

겸손하고 타인을 격려하는 마음으로

하나님 앞에서 자기 가치와 재능, 소명을 분명히 알고 마음껏 펼치며 사는 사람은 남도 그렇게 살도록 격려할 수 있다. 특히 지도자의 위치에서 일하는 사람은 아랫사람을 칭찬하고 격려해서 그들이 자기 재능을 마음껏 발휘하도록 도울 책임이 있다.

혼자서 모든 걸 다 할 수 있는 사람은 없으며 그렇게 하려 해서도 안 된다. 외로운 투사 뒤엔 흔히 권력욕이나 명예욕 같은 그릇된 동기가 숨어 있다. 그러므로 지도자는 지금 자기 일을 도우며 책임을 나눠 지고, 나중에 그 일을 넘겨받을 수 있는 후계자나 동료를 찾아서 키워야 한다. 우리가 서로 다른 재능과 사명을 비교하고 시기하는 대신, 한 몸의 지체로서 보완하고 협력하며 하나님 나라를 이루어 가는 것이 우리를 제각각 다르게 만드신 하나님의 뜻이다. 그런 삶은 우리에게도 참된 행복과 영광이 된다.

그럴 때 우리는 자기를 과대평가하는 위험에서 벗어나 겸손하게 전체를 바라보는 시각을 유지할 수 있다.

겸손은 이런 것이다.

- 자기가 타인에게 받은 칭찬을 하나님께 돌려 드린다.
- 남의 재능을 칭찬하고 격려한다.
- 자신을 과대평가하지 않는다.
- 자기도 실수할 수 있음을 인정한다.
- 하나님이 내게 주신 모든 것에 감사한다.

Chapter 5

자기만의

값진
인생 살기

삶의 목적과 우선순위

영원의 관점에서 볼 때 가치 있는 삶의 목적과 우선순위를 세우고 그에 따라 살아야 한다. 그래야 당장 눈앞에 보이는 것을 절대화하거나 남과 비교해서 엉뚱한 것에 집착하는 위험에 빠지지 않는다.

영원이라는 위대한 목적을 이루기 위해 살면, 화나고 어려운 일을 만나도 그것에 함몰되지 않고 침착하고 여유 있게 대처할 용기가 생긴다.

삶의 동기와 목적을 성령께서 이끄시도록 내어드릴 때 우리는 하나님의 형상을 이루어 세상에 하나님의 본질과 성품을 나타낼 수 있다.

로마서 12장 2절은 이렇게 말한다. "여러분은 이 시대의 풍조를 본받지 말고, 마음을 새롭게 함으로 변화를 받아서 하나님의 선하시고 기뻐하시고 완전하신 뜻이 무엇인지를 분별하도록 하십시오." 하나님의 성품을 닮은 사람이 되는 것이 다른 사람을 흉내 낸 사람이 되는 것보다 중요하고, 하나님의 뜻을 좇아 사는 것이 순간의 행복을 약속하는 광고를 좇아 헐떡이며 살아가는 것보다 진정 행복하다. 그리스도인은 유행을 따라 세상 물결에 휩쓸려 가는 존재가 아니라, 물결을 거슬러 대안을 제시하며 살아야 하는 존재다. 사도 바울은 갈라디아서에서 이렇게 권면한다. "우리는 잘난 체하거나 서로 노엽게 하거나 질투하거나 하지 않도록 합시다"(5:26).

외모와 소유보다 중요한 것은 인격과 영혼의 성숙이다. 성령의 열매인 사랑, 기쁨, 화평, 인내, 친절, 선함, 신실, 온유, 절제의 영적 특성은(갈 5장) 성령님을 통해 그리스도와 함께 살수록 점점 더 선명히 드러난다.

마지막 날에 우리는 모두 하나님 앞에서 우리 삶에 대해 결산해야 한다. 그때 하나님의 심판 기준은 우리가 이 세상에서 얼마나 크게 성공하고 사람들에게 인정받았는가가 아니라, 그리스도와 어떤 관계를 맺고 그분을 얼마나 사랑하며 닮아 갔느냐 하는 것이다.

자기 점검을 위한 질문

- 내 삶의 목적과 우선순위는 무엇인가?

- 그것이 정말 내 삶을 충만하고 행복하게 하는가?
- 지금까지 추구해 온 것보다 더 중요한 가치가 있는가?
- 나는 무엇을 위해 살고 싶은가? 탁월한 외모? 뛰어난 스포츠 실력? 안락함과 부유함? 사람들의 인정과 인기? 출세와 성공? 신체적 건강과 안녕?
- 이 목적 중 어떤 것이 내게 절대적으로 중요하며, 그 이유는 무엇인가?
- 앞으로 좀 더 진지하게 추구하고 싶은 다른 목적이 있는가? 지금까진 묻혀 있었지만 앞으로 하나님 앞에서 펼쳐 나갈 재능이나 분야가 있는가?
- 내가 어떤 사람이 되는 것이 하나님의 뜻일까?

서로 '맞서는' 대신 '더불어' 살기

바울은 자기가 세운 교회 안에서 그릇된 명예욕을 둘러싸고 일어나는 질투와 다툼에 끊임없이 직면해서 훈계하고 권면해야 했다. 비교와 질투는 초대교회 시절에도 있었던 인간의 본질적 요소다.

그래서 바울은 우리에게 정말 중요한 것은 능력이나 지위가 아니라 사랑임을 누누이 강조한다. "그러므로 믿음, 소망,

사랑, 이 세 가지는 항상 있을 것인데, 그 가운데서 으뜸은 사랑입니다"(고전 13:13). "사랑을 추구하고"(고전 14:1). "무슨 일을 하든지 경쟁심이나 허영으로 하지 말고, 겸손한 마음으로 하고 자기보다 서로 남을 낮게 여기십시오. 또한 여러분은 자기 일만 돌보지 말고, 서로 다른 사람들의 일도 돌보아 주십시오. 여러분 안에 이 마음을 품으십시오. 그것은 곧 그리스도 예수의 마음이기도 합니다"(빌 2:3-5).

만사를 이 땅의 잣대로 재고 자기 성공과 유익을 위해 살 때 잘못된 명예욕이 생긴다. 특히 교회 안의 그릇된 명예욕은 성령의 역사를 방해하고 공동체를 파괴하는 암적 요소다!

그러므로 늘 자신을 새로이 점검해야 한다. "내가 일하는 동기가 무엇인가? 내 성공과 인정인가, 하나님의 영광인가?"

그렇다면 대안은? 서로 격려하며 협력하는 것이다!

혼자서 모든 것을 다 하려 들어선 안 된다. 혼자서 모든 걸 다 잘할 수 있는 사람은 없기 때문이다. 특히 교회에서 일할 땐 자기를 투명하게 열어서 서로의 공통점과 차이점을 발견하고, 서로 협력하고 보완해야 그리스도의 몸인 교회를 바르게 세워 갈 수 있다.

자기만의 값진 인생 살기

바울은 교회를 한 몸의 여러 지체에 비유한다(고전 12장). 발이 귀가 생긴 게 마음에 안 든다고 거부하면 온몸이 제 기능을 다하지 못하고, 눈이 손을 화나게 한다고 손이 눈을 뽑아 버리면 온몸이 고통당한다. 몸이 눈으로만 이루어져 있으면 무엇으로 먹을 것이며, 온몸이 귀라면 냄새는 어떻게 맡을 것인가?

바울은 이렇게 쉬운 비유를 들어 고린도교회 교인들이 모두 서로에게 필요한 존재임을 생생히 일깨웠다. 이 비유는 우리에게도 더 중요하거나 덜 중요하고, 더 값지거나 덜 값진 재능과 사명은 없다는 것을 분명히 보여 준다. 모두가 몸에 필요하며, 모든 사람에게는 하나님께 받은 고유의 가치와 사명이 있다. 모든 지체가 서로 협력할 때에만 몸은 제대로 기능할 수 있고 예수님의 온전한 형상을 세상에 나타내 보일 수 있다. "여러분은 그리스도의 몸이요, 따로 따로는 지체들입니다"(고전 12:27).

바울은 특히 우리가 쉽게 놓치고 대수롭지 않게 여기는 다음의 사실에 주의하라고 당부한다. "그뿐만 아니라, 몸의 지체 가운데서 비교적 더 약하게 보이는 지체들이 오히려 더 요긴합니다. 그리고 우리가 덜 명예스러운 것으로 여기는 지체들에게 더욱 풍성한 명예를 덧입히고, 볼품없는 지체들을 더욱더 아름답게 꾸며 줍니다. 그러나 아름다운 지체들은 그럴 필요가 없습니다. 하나님께서는 몸을 골고루 짜 맞추셔서 모자라는 지체에게 더 풍성한 명예를 주셨습니다. 그래서 몸에 분열이 생기지 않게 하시고, 지체들이 서로 같이 걱정하게 하셨습니다"(고전 12:22-25).

서로에게서 하나 됨과 보완 가능성을 발견할 때 부정적으로 서로 비교하고 질투하는 삶에서 해방된다. 우리는 하나님이 각자에게 나눠 주신 독특한 재능을 남의 삶을 흉내 내는 데 사용해선 안 되고, 자기만의 고유한 삶을 활짝 펼치는 데 써야 한다. 하나님의 영광을 위해서!

| 맺는
| 말

비교는 여러 파괴적 결과를 가져올 수 있다. 부정적인 비교의 덫에 걸리면 재능은 날개가 꺾이고 삶은 빛을 잃는다.

그러나 비교를 긍정적으로 이용하면 서로 배우고 도와서 더 풍성한 삶을 만들 수도 있다. 그것은 우리 삶의 큰 도전이며 과제다.

우리가 자기만의 독특성을 펼치면서 동시에 다른 사람의 독특성을 통해 서로의 삶을 보완해 갈 때, 우리 삶은 나날이 그 높이와 깊이와 넓이를 더해 갈 것이다. 그리고 우리를 다양하게 지으신 하나님께 진심으로 감사의 찬양을 올려 드리게 될 것이다!

주

1장

1. Kenneth Gergen, *Psychologie heute*, Eva Jaeggi편에서 인용(2003. 10월호), p. 30.
2. Wolfgang Rost/Angelika Schulz, *Rivalität*, Berlin: Springer, 1994, p. 37.
3. Reinhold Ruthe, *Beziehungskiller*, p. 50.
4. Helmut Thielicke, *Wie die Welt begann*, Quell Verlag Stuttgart 1960, p. 152.
5. Reinhold Ruthe, *Beziehungskiller*, p. 56.

2장

1. Verena Kast, *Neid und Eifersucht*, p. 19.
2. Verena Kast, *Neid und Eifersucht*, p. 14.
3. Verena Kast, *Neid und Eifersucht*, p. 29.
4. Verena Kast, *Neid und Eifersucht*, p. 29.

5. Wolf Jordan, *Die Eifersuchtsfalle*, p. 36.

6. Verena Kast, *Neid und Eifersucht*, p. 28.

7. Verena Kast, *Neid und Eifersucht*, p. 123.

8. Reinhold Ruthe, *Beziehungskiller*, p. 31.

9. Jens Hofmann, *Psychologie heute*(2002. 8월호), p. 17.

10. Jens Hofmann, *Psychologie heute*(2000. 8월호), p. 33.

11. Wolf Jordan, *Die Eifersuchtsfalle*, p. 44.

12. Reinhold Ruthe, *Beziehungskiller*, p. 56.

13. Paul Tournier, *Echte und falsche Schuldgefühle*, Bern: Humata Verlag, 9. Auflage, p. 53.

14. Paul Tournier, *Echte und falsche Schuldgefühle*, p. 78.

15. Paul Tournier, *Echte und falsche Schuldgefühle*, p. 96.

3장

1. Verena Kast, *Neid und Eifersucht*, p. 25.

2. Verena Kast, *Neid und Eifersucht*, p. 48.

3. Bärbel Wardetzki, *Weiblicher Narzißmus*, München: Kösel, 1991, p. 8.

4. Marcia Michell, *Mach was draus!*, 1996.

5. Friedhilde Stricker/Cornelia Mack, *Begabt und beauftragt*, Holzgerlingen, SCM Hänssler, 2000.

6. Friedhilde Stricker/Cornelia Mack, *Begabt und beauftragt*, Holzgerlingen, SCM Hänssler, 2000.

7. Wolf Jordan, *Die Eifersuchtsfalle*, Freiburg: Herder, 1999, p. 68.
8. Bärbel Wardetzki, *Weiblicher Narzißmus*, p. 77.
9. "Ich will so bleiben, wie ich bin", *Emma* 2권에서 인용(2002. 3, 4월 호).
10. Verena Kast, *Neid und Eifersucht*, p. 136.
11. Reinhold Ruthe, *Beziehungskiller*, p. 44.
12. Verena Kast, *Neid und Eifersucht*, p. 90.
13. Verena Kast, *Neid und Eifersucht*, p. 129.
14. Wolf Jordan, *Die Eifersuchtsfalle*, p. 75.
15. Verena Kast, *Neid und Eifersucht*, p. 145.
16. Kurt Theodor Oehler, *Rivalität*, München: Beck, 2003, p. 118.
17. Verena Kast, *Neid und Eifersucht*, p. 47.
18. Eva-Maria Admiral, *Glücklich im Hier und Jetzt*, Ein Powerbuch für Körper, Seele und Geist.

4장

1. Verena Kast, *Neid und Eifersucht*, p. 152.

5장

1. William Barclay, *Begriffe des Neuen Testaments*, Neukirchen-Vluyn: Aussaat Verlag, 1979, p. 89.

옮긴이 **강미경**은 경북대학교에서 독어독문학 학·석사 과정을 마치고 독일 에센대학(Duisburg-Essen Uni.)에서 사회복지학 디플롬 과정을 수료했다. 옮긴 책으로는 「거룩한 부담 자녀양육」(아가페북스), 「하나님은 고요할 때 임하신다」(21세기북스), 「이제, 이스라엘을 위로하라」, 「떴다 성막탐험대」, 「우리 결혼 잘될 거야」, 「완벽주의에 작별을 고하다」(이상 토기장이) 등이 있다.

네 모습 그대로 괜찮아

초판 발행 2013년 9월 25일 │ 초판 2쇄 2013년 12월 18일
무선판 발행 2022년 4월 15일 │ 무선판 2쇄 2025년 4월 15일

지은이 코넬리아 마크
옮긴이 강미경
펴낸이 정모세

편집 이성민 이혜영 심혜인 설요한 박예찬
디자인 한현아 서린나 │ 마케팅 오인표 │ 영업·제작 정성운 이은주 조수영
경영지원 이혜선 이은희 │ 물류 박세율 정용탁 김대훈

펴낸곳 한국기독학생회출판부 │ 등록번호 제2001-000198호(1978.6.1)
주소 04031 서울시 마포구 동교로 156-10
대표 전화 (02) 337-2257 │ 팩스 (02) 337-2258
영업 전화 (02) 338-2282 │ 팩스 080-915-1515
홈페이지 http://www.ivp.co.kr │ 이메일 ivp@ivp.co.kr
ISBN 978-89-328-1924-2

ⓒ 한국기독학생회출판부 2013, 2022

책값은 뒤표지에 있습니다.
무단 전재와 복제를 금합니다.